EL AMOR SIEMPRE QUEBRANTA LA IRA, Y POR LO TANTO, LA CONSCIENCIA.

"De ozharu a sayayin"

Aleya

AGRADECIMIENTOS

Agradezco con todo mi afecto a mis papas y hermanos y a todos mis familiares que supieron mi historia conforme convivían con migo, a mis amigos y compañeros que me conocieron y fueron viendo mi evolución,

Agradezco muy profundamente a Akira Toriyama que gracias a su gran obra maestra Dragon Ball y su personaje "Goku" pude conducirme hacia la meta final de todo ser humano, encontrarme a mí misma y mostrarme así la verdadera libertad.

Agradezco profundamente a los seres sorprendentes que encontré gracias a mi búsqueda porque por fin después de mucho batallar me mostraron la verdad absoluta.

Por ultimo agradezco a cada uno de ustedes que son una pequeña chispita del absoluto por darme fuerzas para poder cumplir mi misión y ayudarles a que ustedes también lo hagan.

A todos los amo.

"Todos en el universo somos uno"

INTRODUCCIÓN

Cada paso que damos en nuestra vida es una valiosa oportunidad para poder avanzar, para poder aprender, a veces ese camino por el que vamos no es un lecho de rosas, sin embargo, nadie dijo que para llegar a lo más sorprendente era fácil y cómodo, que aburrida seria la vida si no buscásemos algo más de lo que tenemos, que aburrida seria la vida si nos conformásemos solo con lo que tenemos solo porque nos dicen que eso es lo único que merecemos y que tontamente lo fuimos aceptando porque no vimos otra salida mas que el hacerlo.

Aprender, es algo que cuesta disciplina y mucho esfuerzo si es que queremos lograr el objetivo de ese aprendizaje, si es que queremos alcanzar nuestro equilibrio total y la vida es una escuela en la que nos encontramos al igual que una batalla y todos tenemos la libertad de tomar o dejar esta gran oportunidad de aprender, y cuando elegimos hacerlo no se sabe cómo, solo te guías por el corazón, por lo que percibes y por eso nos ponemos en un estado vulnerable donde podemos ser engañados, pero incluso los engaños son parte de dicho aprendizaje, otras veces te mandan cosas, situaciones e incluso seres de otros lugares para que puedas hacerlo, pero estos solo te pueden guiar no hacen el trabajo por ti pues si ese fuese el caso, no tendríamos porque pasar por este plano en el que nos encontramos pues ya seriamos totalmente perfectos.

Yo aprendí de una manera muy extraña, por medio de una caricatura que me llevo a caminos sorprendentes, a lo que es real, lo que realmente soy en todos sus aspectos tanto físicos, mentales como espirituales.

Hola me llamo Aleya y me enamore de una caricatura de anime de ciencia ficción que me enseño lo más importante que un ser humano puede poseer en su ser y su nombre al menos como yo lo conocí en televisión es Goku de la típica serie japonesa Dragón Ball propiedad de su creador único y original Akira Toriyama.

Como puede ser posible que algo así te pueda enseñar en todos sus aspectos tanto físicos mentales como espirituales, quizá hay una teoría para poder explicar esto pues bien se sabe que el ser humano se tiene que agarrar de algo que lo motive para poder sobrevivir, algo que sea su motor de vida, pero lo que me sucedió trasciende todo más allá.

Esto que te diré amigo lector no es para intentar que tú me creas, si no para que veas hasta donde puede ser capaz alguien de intentar lograr algo que parece imposible a la lógica y la razón humana, de los sentimientos tan reales que esto posee y de lo que puede ocasionar en la mente y el cuerpo incluso el espíritu.

Hice esto con la intención de que tu veas, analices, comprendas que si podemos cambiar aun debajo de la tormenta, que somos algo más de lo que nos han hecho creer siempre, solo hay que darnos cuenta de quienes somos en realidad, pues a lo largo de nuestra vida nos han hecho creer cosas que no se establecen en el significado de lo que se conoce como realidad, no es nuestra culpa del todo pues el lugar donde nos encontramos nos tapa totalmente la luz incandescente de lo que en realidad es verdad, todas las personas a excepción de ninguna queremos saber nuestra verdad pues a eso hemos venido a este planeta, ¿Quién no va querer saber la verdad? Todo mundo quiere saber la verdad, hay quienes ya la saben pero este libro está dedicado para aquellos que no la saben y que ni si quiera les ha surgido la idea de que la vida de la realidad es más increíble de lo que en sus mentes por primera vez se puedan imaginar.

Esta dedicado para todo tipo de personas desde la mas pequeña hasta la mas grande, para todo tipo de estereotipos como por ejemplo todos los que creen en cualquier religión pues la espiritualidad forma un punto importante en esta obra, por lo tanto, está dedicado para cualquier persona de cualquier religión, para cualquier psicólogo en cualquier rama en la que se encuentre pues se muestra un papel sumamente importante en la vida del ser humano que conforma la mente plasmando un caso clínico de des estructuración de personalidad conllevando una serie de trastornos psicológicos drásticos, poniéndome yo Aleya como ejemplo, un caso totalmente refutado y fidedigno que asombrara incluso a los psiquiatras mostrando la salida a los trastornos psicológicos más peligrosos como lo es la depresión, total pérdida de identidad etcétera.

También está dedicado para todos los otakus, personas que aman a los animes y que tienen la idea en el fondo de cada uno de ellos de cómo funcionan las cosas grandiosas de la vida de las cuales se sienten felices de ver aunque sea de manera simbólica lo sorprendente y lo fantástico, para los que son misteriosos y creen en cosas fuera de este mundo llamado en este plano como paranormal o esotérico pues aquí se muestran cosas reales totalmente comprobables fuera de cualquier charlatanería o falsedad pues se muestra claramente la verdad, y dedicado para toda persona que sufre y ha sufrido los ataques de la vida y quiere evolucionar en todos los sentidos y despertar su conciencia hacia la verdad y el amor es pues esto la meta final de la existencia humana.

Está dedicado para todo ser humano por el solo hecho de existir pues aquí se muestra lo que hace que una vida valga la pena en realidad y lo que lo hace posible es la libertad y la verdad es quien nos conducirá hacia la libertad pues como en muchos lados dicen

"la verdad os hará libres".

No es mi intención que tú te diviertas con esto, no es algo cómico, es mi caso, mi testimonio y es tan real que si no eres capaz de comprenderlo te sugiero que mejor cierres este libro y lo regales a alguien más que quizá sea capaz de comprenderlo, no estoy jugando pues es algo serio que quizá pueda dejarte un mensaje que pueda cambiar algo en tu vida, tampoco es mi intención faltarte al respeto a lo que tú crees con lo que digo, simplemente te dejo la semilla y tú sabrás si la riegas.

Tu amigo mío eres alguien valiosísimo y si no lo crees y te han hecho creer lo contrario, te han pisoteado, te han humillado y recibes ataques duros en la vida, sientes que ya no puedes más, pues es momento de que te conviertas en un supersayayin y ataques con un triple kaio ken y un kame hame haaa pues por el solo hecho de existir eres genial.

CAPÍTULO I

EL COMIENZO DE LA VIDA

Siempre me pregunte ¿De dónde vengo?, ¿Quién soy?, me preguntaba a mí misma ¿Acaso hay algo más allá de lo que los ojos humanos pueden ver?, siempre fue algo que todos los días tenía clavadas en mi mente como espinas que abrumaban mi interior y no podía entender por qué , siempre me aquejaban dudas de esa índole y no les podía dar respuesta, solo estaban ahí tan potentes, tan difusas y perdidas como todos los seres humanos que se encuentran aquí, en el planeta tierra.

Esta pregunta tan común ya en estos tiempos que es ¿Quién soy? Es tan importante para todos que los que la dejan pasar desapercibidos pero en cualquier momento de su vida aparecerá y repentinamente se lo preguntaran, talvez unos con mucha conciencia, tal vez otros no tanto pero el hecho de que por primera vez se lo pregunten ya se permitieron aunque sea por ese momento abrir su corazón y su mente a lo que en realidad son.

El no saber quiénes somos es como si no supiéramos que hacemos y a donde vamos en realidad, el no saber quién somos nos establece en un camino totalmente perdido lleno de ramas y piedras por las cuales nos vemos obligados a pasar hasta descubrir nuestro propio camino hacia nuestra verdad, entonces el no saber quiénes somos nos atara una cadena de manos y pies en la que no nos sentiremos libres que es el resultado más catastrófico, todos construimos nuestro propio destino y es pues quien vamos a forjar lo que queremos ser, alguien noble de buenos sentimientos, alguien que odia y guarda rencor, alguien que protege, alguien que presta su servicio, tú vas a decidir lo que quieres ser y más bien no es ver quién eres pues ya eres alguien por el solo hecho de existir, más bien tomaras el camino que más te agrade pues todos poseemos libre albedrío y es tu decisión si gustas ir por el mal o ir por el bien pero cualquier camino que tomes tiene sus consecuencias y también sus recompensas.

Me atrevo a decir con toda seguridad que la realidad es más sorprendente que la ciencia ficción, ya en estos tiempos la ciencia ficción se ha quedado pequeñita, que solo aquellos que no quieren abrir los ojos se quedaran estancados en su mundo inculcado por hace miles de años, la realidad es tan sorprendente que no podría rápidamente caber en la comprensión humana pues el condicionamiento que tienen las sociedades en este planeta no lo permitirían, saber lo que en realidad existe ocasionaría un pánico colectivo, un shock en el cual muchos podrían perder la cordura incluso la vida pues no soportarían saber la verdad, pero el hecho de que esto pase no quiere decir que seamos caso perdido como raza en este planeta, pues la capacidad que tenemos como seres es tan sorprendente que somos capaces de soportar cataclismos y es pues por ello que el sufrimiento es totalmente opcional y solo aquellos que se atrevan a querer en realidad ser totalmente libres se lanzaran deliberadamente hacia esa realidad aun con el miedo que esto conlleva pero todo esfuerzo al final tiene una recompensa.

Cuando era pequeña algo me decía que lo que salía en la televisión tenía una intensión oculta, una especie de acertijo que debíamos descifrar que iba más allá de todo y que estaba ahí con un objetivo muy especial en la cual podríamos encontrar la llave que nos permitiría saber la verdad, no sabía que era y tampoco sabía que esto es capaz de desestructurar una vida tan drásticamente.

LA VERDAD SE ENCUENTRA EN TU INTERIOR

Conocí a Goku cuando empecé a tener uso de razón a la edad de los 4 o 5 años, desde entonces siempre me pregunte ¿cómo es posible que uno de esos tantos personajes que salen en televisión puede cambiar una vida de un ser humano radical y totalmente, que pueda guiarte al camino hacia la espiritualidad?.

Es un pensamiento drástico y para muchos absurdo, especialmente en el rango de la espiritualidad donde hay muchas controversias, donde cada ser humano trata de encontrar a Dios y no se dan cuenta que está más cerca de lo que creen.

Nos han manipulado a su antojo creándonos una demencia mental tan grande como fue en mi caso, una histeria combinada con la angustia más tormentosa que existe, donde poco a poco va condicionando la mente de cada uno de nosotros a la manera subliminal para el objetivo que se le haya establecido y así podrirnos el cerebro para disminuir nuestra capacidad y potencial de vida.

MUCHAS DE LAS VECES LOS LOCOS SON LOS CUERDOS DEL MAÑANA Y LOS CUERDOS SON LOS LOCOS DEL AHORA.

Esto va más allá de lo común y lo cotidiano pues no es muy rutinario creer que un personaje de caricatura en realidad existe, sin haberlo tocado, sin haberle hablado lo cual se torna sumamente frustrante y que esto te va envolviendo más y más en una telaraña solo con el fin de querer ver algo fantástico, solo con el afán de descubrir y probar realmente que todo lo que se siente y se piensa por mas incongruente que sea y suene al final de cuentas puede volverse realidad.

Podemos tener miles de errores pero hasta esas mismas equivocaciones forman parte de la misma perfección, de lo que es correcto, pues son los errores los que nos conducen hacia eso que es exacto, es lo que nos conduce hacia lo que es real y sobre todo tener la libertad de pensamiento que nos hace ser nosotros mismos sin tener miedo a pensar en que dirán los demás, pues ser tú mismo es algo que despertara tu creatividad, que no te importe más las ataduras de la sociedad, libera tu pensamiento por más loco que suene como muchas personas dicen por ahí, los locos son los cuerdos del mañana, a veces los que etiquetan como locos viven de una manera más libre que los cuerdos, ellos no tienen miedo a nada, no les preocupa el qué dirán de los demás, ellos solo andan por ahí rondando viviendo.

Todas las personas tienen que tener un motor en sus vidas, algo de que agarrarse para poder sobrevivir en este planeta ya que si no lo tienen sentirían un gran vacío interior en donde no le verían sentido a sus vidas, tal es el caso del Dios que tiene cada quien o del concepto de Dios que tiene cada quien, pues todos piensan que sin Dios no son nada, todos se sienten totalmente desprotegidos si no tienen la idea de algo divino en su interior y de esa manera hemos brindado nuestro valioso poder a cosas tan banales tan fuera de sentido porque no soportamos la idea de estar solos en este mundo y más aún en este sistema que está totalmente perdido, nos hemos agarrado de cualquier cosa sin si quiera analizarlo, sin si quiera preguntarnos si eso es lo correcto o no, solo lo hemos hecho por instinto y nada más cayendo en una escala de evolución muy baja porque no nos atrevemos a enfrentarnos con la verdad.

Yo siempre creí que Goku existía de verdad, y es que me enamore de él, cuando alguien se enamora es un estímulo tan fuerte que te atrapa y te entorpece, se siente tan real que cuando estás ahí es muy difícil salir.

El enamoramiento es lo que mueve nuestra energía psíquica pues se despierta la pasión, te hace establecer hechos y situaciones que aunque no sean reales nos aferramos a que es correcto y de tal forma sentimos que tenemos la razón, es una confianza totalmente ciega que nos hace sentir que andamos en las nubes o en las estrellas y la mayoría de las veces se convierte en nuestra razón de vivir, tal es el caso de todas las mujeres que se enamoran tan fuertemente y que a causa de un desacuerdo o malentendido, que a causa de peleas y un ego grande se tienden a separar y se ven obligados a pasar por un duelo en el cual muchas personas no lo logran y las mujeres que tienen un nivel de percepción más fuerte que los hombres ya que a ellas si se les permitió llorar y expresar sus sentimientos lo reciben de una manera muy dura, los hombres se lo tienden a tragar más y como la sociedad les indico que los hombres no lloran pues se hacen los fuertes aunque sea solo una máscara con una sonrisa disfrazada, y muchos de verdad sienten que sin esa persona a que aman no van a poder vivir y tienen intentos de suicidio desgraciadamente.

Lo que yo no entendía era ¿porque él, porque Goku?, una caricatura de anime de ciencia ficción, no entendía porque estaba tan segura de que existía, ni sabía porque se llegó a convertir en algo tan importante para mí, como muchos que buscan a su Romeo o a su Julieta para mi Goku era mi príncipe azul soñado y anhelado.

A veces me pregunto porque todos dejan ir su inocencia, si la inocencia es lo que nos hace libres, porque no somos siempre niños y vemos todo normal sin ninguna maldad y sin tenerle miedo a nada, pero porque no podemos ser prudentes y a la vez inocentes, nos hemos olvidado de lo que en realidad vale, muchos se creen tan maduros porque creen que la inocencia es sinónimo de torpeza y por supuesto que no lo es, la inocencia es la que se encuentra en el estado más puro del ser donde no se sufre, ahí está pleno y feliz, pero al paso de los años vamos perdiendo esta inocencia que es tan valiosa esos que creen a otra persona inferior porque lo tachan como torpe por ser inocente están demasiado equivocados, pues son los inocentes los que tienen abiertas las puertas de los cielos, aquellos que le dicen a esa persona inocente, ¡Eres torpe ya madura! ¡Que infantil eres me desesperas! o algo muy típico ¡no sabes nada eres muy inocente para comprenderlo! Lamento decepcionar a esas personas pero tienen una gran venda sucia en sus ojos que solo le inflaron el ego a causa del miedo hacia otras personas en el cual solo aplastaron su espíritu encadenándolo como el enorme elefante del circo amarrado a una diminuta estaca enterrada en el suelo.

SE TAN INOCENTE COMO LA PALOMA, PERO TAN PRUDENTE Y EFICAZ COMO LA SERPIENTE

Ser inocente no es ser torpe, la inocencia tiene el arma de la sabiduría del universo, tiene todos los valores hermosos del ser humano, como el respeto, la honestidad, la humildad y la nobleza, todas esas personas que tengan inocencia me alegran el corazón en realidad pues son los seres más puros que hay y en los que sí se puede confiar, desgraciadamente quedan muy pocos, solo que la inocencia tiene una desventaja muy grande que no puede actuar plenamente en este planeta pues siempre aquellos que la poseemos nos atacaran y esto siempre repercutirá en las emociones, cuando yo les decía a las personas que Goku existía me decían que madurara, que estaba loca y pues era comprensible el hecho de pensar eso pero lo que sí pudieron haber hecho fue respetar, se pusieron a criticar sin saber que era lo que en realidad me pasaba pues la mayoría tiende a juzgar y a decir que que estoy mal, incluso a verme como incompetente pero sin saber porque o como, muchos se burlaron de mí, desde siempre me vieron inferior pero nunca se hubieran imaginado que estaba en una batalla sorprendente con mis demonios internos en la cual yo gane, estar en esa batalla que parecía interminable totalmente desesperante.

Siempre que vean a alguien que dice algo sin sentido antes de criticarla analicen porque lo dice pues lo vuelvo a repetir, por ahí dicen que los locos son las personas más cuerdas que hay, así como aquel que dijo que la tierra era redonda y todos se burlaron de él, así como aquel que dijo que las maquinas podían volar y también se burlaron de él y fueron esas personas quienes marcaron la historia, pues se atrevieron a lanzarse al vació de su ser y sus pensamientos, siempre preferí aceptar la idea de ser loca en busca de la libertad y no una cuerda amarrada y encadenada a un sistema tan podrido.

Muchas de las personas que piensan saberlo todo, donde se sienten con el derecho de ver inferior al de al lado, no tienen la más minina remota idea de lo que es en realidad el universo, pues cualquier mínima ráfaga de algo sorprendente tiene mucha probabilidad de que sea idolatrado como ha pasado estúpidamente a lo largo del tiempo, donde se adoran estatuas y cuadros que son de madera, pero no se dan cuenta que la luz del bien no se puede adorar porque forma parte del todo.

Yo siempre veía Dragón Ball y jamás dejaba de verlo, a mi hermano y a mí nos fascinaba, era algo que en verdad me estremecía de alegría, el ver la serie animada elevaba sumamente mi autoestima, yo sentía que era parte mía y que formaba parte de mí.

CUANDO TE ATAQUEN, TEN EN CUENTA QUE ESOS SERES ESTÁN PERDIDOS Y LO QUE LES HACE FALTA ES AMOR Y COMPRENSIÓN.

Desde que me insertaron en la sociedad sabía que algo andaba mal, no sentía el amor puro e incondicional unos a los otros, me sentía tan vulnerable, no me sabia defender cuando me atacaban, cuando recién entre a la escuela lo podía sentir, no sabía que pasaba, donde estaba, me sentía tan diferente que era muy notable y poco a poco fueron destruyendo mi autoestima y lo hicieron porque no sabía cómo defenderme, me sentía totalmente acorralada como si estuviera en una jaula de leones salvajes que me querían comer, y en realidad así era pues todos a mi alrededor parecía no importarles el hacerme daño o hacerle daño a los demás, lo que yo percibía era un total tormento pues parecía que nadie utilizaba la mente para razonar, muchas veces le preguntaba a dios porque me había enviado a un lugar tan fuera de control donde no había comprensión donde no saben amar ni ayudar a los que más lo necesitan pero lo que más me dolía era el hecho de que estuvieran tan perdidos y alejados de la luz.

Tenía 8 años cuando comprendí que había creado un ideal el cual era Goku y quería encontrarlo a como diera lugar, pues yo tenía la plena certeza de que existía, era tanto lo que me motivaba Goku que siempre fue lo único que pensaba, para mi Goku era una cosa tan maravillosa, me había identificado totalmente con él en lo que el personaje tenía en su totalidad, pero lo que más me cautivaba no eran sus superpoderes si no los valores que el personaje tenia, su inocencia y nobleza combinada con su valentía de proteger a cualquier ser vivo era lo que en realidad me enamoraban, yo quería vivir ahí, en Dragón Ball, quería encontrar a Goku porque sentía que seres como el eran el lugar donde yo quería estar, pero al ver la terrible realidad donde me encontraba me hacían sentir querer huir, escaparme, no quería estar aquí, no me gustaba nada pero desgraciadamente no podía escapar y entonces fue tanto mi deseo por escapar que me interiorice en mi misma, sentía que si no podía escapar hacia ningún lado lo podía hacer hacia mi interior, en mi mundo totalmente de fantasía en el que yo era feliz donde podía volar y también tenía superpoderes, donde había seres como Goku y que además él estaba ahí, me negaba rotundamente a estar en este plano tan perdido y lleno de maldad.

Muy aislada de las personas, sinceramente parecía que tenía autismo, de seguro si mis papas me hubieran llevado con un psicólogo me hubiera diagnosticado este trastorno, pues muchos de los síntomas los cumplía, veía a toda mi familia que se divertía en fiestas muy alegremente e iban a muchas reuniones sociales y muchas de las veces me querían llevar a la fuerza pero siempre me negaba, nunca me sentí bien entre ambientes de ese tipo donde está lleno de fumadores y personas negativas simplemente no lo soportaba, las pocas veces que fui quedaba totalmente abrumada y fatigada.

Todo lo que sucede ocurre por alguna razón pero yo en ese entonces no lo sabía, no sabía que es lo que me trataban de decir y no solo a mi sino a toda la humanidad.

Mi educación no me la inculcaron mis padres, todos mis valores y mis maneras de pensar las adquirí aprendiendo de Goku, no sentía que lo que me enseñaban mis padres, la escuela y la sociedad era lo correcto donde me forjaban a hacer algo que no me gustaba, me sentía frustrada porque no podía hacer lo que yo quería o lo que mi corazón me dictaba, me sentía frustrada porque no era totalmente libre, mis papas me decían que así tenía que ser y que me tenía que resignar con eso, que así es la vida dura como tal y que no podía hacer nada para remediarlo, pero yo me negaba rotundamente a esa respuesta jamás la acepte, me rehusé a seguir el sistema no quería tener la mente tan tristemente perdida.

Yo a Goku nunca le vi nada malo, ni tampoco nada diabólico, en la serie animada si salían monstruos que si son diabólicos, pero lo que es en sí Goku en específico no, porque el luchaba contra esos monstruos y era pura nobleza con un corazón puro según como se representa en la caricatura.

Toda la gente me decía esa caricatura es diabólica y violenta, y claro que por supuesto que es violenta, incluso quizás puede estar llena de mensajes subliminales, pero detrás de ella se esconden demasiadas cosas que como solo era una niña, únicamente me quedo la opción de volverme de mente muy abierta, y si a violencia vamos, la sociedad tiene mucha más crueldad pues desgraciadamente aquí matan cruelmente a los inocentes y a los animales que no tienen la culpa de nada, aquí se burlan cruelmente así como freezer o majin boo, pero lo más terrible es que incluso se odian a ellos mismos donde prefieren ser como los famosos de la televisión, o millonarios como los empresarios internacionales olvidándose de ellos mismos donde la comprensión se ha olvidado casi en muchos de los aspectos.

Quería gritarles a todos que vieran más allá del horizonte pues así podían sentir todo el amor y la verdad que hay en cada uno, de esa manera poder sentir lo que en realidad valen y agarrando toda la fuerza y poder necesario para luchar ante todo lo malo que se les presente igual que Goku.

Quería que comprendieran lo más valioso que existe que es su espíritu pues si pudieran comprender el gran poder que está en su ser y la gran luz que llevan dentro podrán alcanzar su libertad.

Si pudieras tu amigo lector entender que en ti esta tu libertad, solo tienes que creer en ti y nada más porque eres un ser creado con mucho amor, no más ponte a pensar cómo es posible que puedas respirar, como es posible que te puedes mover ¿alguna vez te lo has preguntado? Tú tienes todas las herramientas cognitivas y espirituales para poder lograr lo que te plazca, nunca caigas en la zona de confort siempre se podrá aspirar a más y lograr lo que parece imposible así como me paso a mí.

Si en este momento estas experimentando algo desagradable detente ahora mismo a reflexionar, pero hazlo ahora, no hay otro momento, no es mañana ni en un mes es justo ahora en el que estás leyendo estas palabras, solo en ti esta la solución solo en ti esta tu auto salvación, analiza que es lo que te está pasando realmente y una vez que lo hayas localizado encuentra el porque te está sucediendo y deliberadamente enfréntalo como un Sayayin, no hay otra opción más que intentarlo esperar a que un superhéroe como Goku llegue a salvarnos se tornara un camino en realidad frustrante.

Cada uno de nosotros es el superhéroe, nosotros somos los que tomamos la decisión de experimentar e ir por el camino del guerrero que nos brindara mucho poder, es este pues como en muchos lados dicen el camino del guerrero no hay más, tan simple como esto cualquier vereda que tomes te llevara a esto mismo porque esto, es el origen.

CAPÍTULO II

BUSCANDO A GOKU

Yo como creía plenamente que Goku existía y cada día fue aumentando mi estimulo de creer más en él, entonces lo empecé a buscar desesperadamente, no sabía cómo comenzar a buscarlo, es decir, ¿Cómo buscar a una caricatura como si fuera o se tratara de una persona real?, como rayos lo iba a encontrar me decía a mí misma pues estaba a la vez consciente de que para empezar me estaba arriesgando a algo que quizá hubiese sido una mentira, que al ser Goku una caricatura, que probabilidad había de que el existiera, si lo analizaba seriamente, pero había algo que estaba más allá de la mente que analiza, que tiende a la lógica y a la razón, algo que en aquel entonces no le encontraba ninguna explicación y esta cosa me jalaba tan fuerte que no me dejaba olvidarlo, era como si alguien me gritase siempre por detrás, ¡Goku si existe!, !Goku si existe¡, y por más que tendía a la lógica y analizaba con mi mente de todas las maneras no podía, pensé que sinceramente me estaba volviendo loca, que era una obsesión demasiado alta, había pensado que tal vez cuando creciera se me iba a pasar, pues decía que como todos los niños yo también fantaseaba, pero conforme mi vida pasaba se fue fortaleciendo más y más.

Yo pedía señales al cielo, no sabía mas donde indagar, pero extrañamente siempre hubo algo que me decía, ¡ve por ahí es el camino correcto! era una especie de seguridad tan inmensa que no dudaba en irme por ese camino, sentía de cierta manera como que era mi ángel guardián que me estaba cuidando para no perderme en el camino, de cualquier modo mi mente ya no encontraba otra opción mi destino estaba totalmente establecido y no podía huir de él, un pequeño desvió que yo tuviese en el camino siempre había algo que me regresaba a ese mismo camino, un pequeño descuido de mi mente en algo banal y esa cosa se sentía tan potente como diciéndome ¡no lo hagas! eso no es para ti y era algo que yo no podía controlar pues era sumamente más fuerte que yo, era una orden correcta emanada hacia mi interior tan poderosa que como era niña pues tenía demasiada influencia sobre mí, es lo que muchos conocen como conciencia a la cual muchos no le hacen caso, eso a lo que llaman como intuición que más que nada es algo que emerge del espíritu, pero en aquel entonces yo no lo sabía, era solo una niña totalmente vulnerable hacia cualquier percepción, si hubo muchas veces en las que yo me desvié pero esta cosa era tan insistente que sentía que quería que yo no desistiera.

La vida tiene muchos caminos en la cual nosotros elegimos el que más nos guste y tomar esa decisión es la cosa más importante que tengamos que decidir, pues ella labrara nuestro destino, cuando yo me equivocaba y me daba cuenta que iba por ese mal camino que me pudo haber conducido a algo terrible, me sentía muy feliz por haber regresado al camino correcto y lo que me inspiraba a regresar de nuevo a ese camino era Goku y de verdad sentía como si mi ángel guardián era el pero también sentía como si Dios me hubiese puesto a Goku en mi camino siempre para no desviarme hacia un camino incorrecto lleno de cosas banales y sin sentido.

Veía día a día el anime tratando de encontrar algo que me diera un mensaje, una señal, quería ir al fondo de Dragón Ball, aquellos que son otakus lo pueden entender muy bien, pues son fans de animes, como los Caballeros Del Zodiaco, Yugi O, Kenichi, Sailor Moon etcétera, lo saben todo, como quien fue su creador y se saben toda la serie al revés y al derecho, pero todas estas series al igual que Dragón Ball nos tratan de mostrar algo que siempre ha estado oculto y es que los animes tienen cosas sorprendentes, esotéricas donde tienen superpoderes, donde se puede volar, donde no se muestra el miedo y hay una increíble fuerza, pero yo no sabía que podía ser en realidad igual que esos personajes incluso mejor.

El decir esto suena totalmente incongruente especialmente para las personas que tienen la mente más cerrada pero si te permites abrir un poco más tu mente podrás ver cosas aun mas mejores de lo que sale en los animes, o de cualquier cosa fantástica que sale en televisión, en los animes salen dioses de luz y también salen seres oscuros, los animes plasman la energía del universo y como la usan, pero sobre todo plasman la paz.

Si te fijas bien no es tan diferente a lo que vez a diario en la vida, y en la vida cotidiana nada más a nivel humano claro, pero cuando abres la mente hacia la verdad sobrepasas lo que es humano y entras a un mundo desconocido ahí es donde se sufre el shock y la mente se desestructura y menos cuando no se tiene la idea de lo que está pasando, al menos todos los otakus si se les mostrara esto ellos ya tienen la idea de lo que es y de cómo funciona, pues ellos al igual que yo vieron dioses y energía saliendo de las manos de su anime favorito, es por ello que todos los que son otakus sienten esa adrenalina saliendo de sus cuerpos cada vez que ven a su anime favorito, pues al igual que yo sienten esa alegría inmensa y muy en el fondo quieren ser igual que esa caricatura pues al igual que yo también se identifican con ese simbolismo.

Es totalmente posible pues todo evoluciona, los otakus de cierta manera entienden al universo y sus enormes maravillas, pero más que poder ser igual que esa caricatura, es buscar la fuerza interior de cada uno de nosotros, ser ya de una vez por todas los protagonistas de nuestra vida y de nuestro propio destino, no tenemos nada que perder, el recuperar esa fuerza interior combinada con el amor es en verdad lo que vale, no te detengas es tu oportunidad y tu decisión de empezar a cambiar lo malo que hay en ti, únicamente ve hacia a tu alrededor ¿vez como están las cosas alrededor del mundo? Están mal por supuesto, si todos somos parte de lo mismo porque todos estamos conectados, entonces lo que afecta afuera, te afectara a ti por dentro muchas personas dirán ¡me vale lo que pase yo no tengo la culpa! Y si, quizás tengan razón, muchas veces nosotros somos inocentes ante los actos salvajes del ego de los demás, pero no por eso nos volveremos iguales a ellos estancar nuestra propia evolución, tu puedes hacer la diferencia, tal vez en este momento no sepas como pero si te conviertes en un buscador y te guías con el corazón lo vas a lograr, y es que es precisamente el acto salvaje de los demás quienes hacen que una vida consciente llena de amor se salga de sus casillas y esto pasa precisamente porque nuestro ser interior no permite del todo que sea atacado, muchas veces es hasta nuestra propia familia quien nos ataca, muchas veces nosotros no hacemos nada ni ocasionamos ningún motivo para ser tratados así y se torna sumamente frustrante porque se supone que nuestra familia son las personas en las que más podemos confiar, cuando nos trata así nuestra familia hace que la estabilidad de cierta manera pierda sentido, ¿si nuestra familia nos trata así que esperamos de los demás?, estos actos salvajes de ozharu no tienen razonamiento, las personas la mayoría de las veces no entienden con las palabras y alguien que es inocente de una u otra manera debe aprender a manejar la situación, si encontramos la manera de llegar a la conciencia de esa persona de verdad para cambiar para bien a base de una especie de correctivo que sirva tanto como para la persona atacante como para uno mismo, simplemente ponte a reflexionar, si un familiar tuyo te ataca por la nada tan salvajemente y te dice que no te quiere estamos hablando de alguien que se encuentra sumamente mal que no tiene nada de conciencia de lo que está diciendo que por más que se le diga seguirá sin entender, si ese caso te está pasando amigo aprende a valorarte a ti mismo recuerda que tu viniste a este mundo por algo muy importante, si no vez el verdadero amor entre las personas y lo más cruel si no lo vez entre tus familiares, construye tu propio destino tu propia vida como debe de ser, si en verdad le llegas a las personas a la conciencia, será un solo acto que determinara todo, que dirá esto es lo correcto y lo estoy haciendo porque solo de esta manera mi papa, mi mama, mi hermana pueden entender.

Escúchame con mucha atención amigo lector, si no es de esta manera lucharas totalmente en vano y lo único que lograras es angustiarte, los bestias jamás entenderán dialogando, sé que duele que alguien que tu amas te trate así y no queda de otra, el estúpido condicionamiento que tiene la mente es cruel ya prácticamente se debe convertir uno en domador de leones metafóricamente hablando, que vergüenza.

Tú puedes hacer la diferencia, ¿puedes acordarte en este preciso momento como te han tratado los demás malignamente? ¿Recuerdas cuando te divorciaste de tu marido o cuando tu hijo o hija te dijeron que no te quería? ¿Recuerdas cuando te asaltaron en la calle, o el que creías que era tu mejor amigo te traiciono? ¿Recuerdas amigo cuando tenías hambre o necesitabas ayuda y nadie estuvo ahí para salvarte?, ¿lo recuerdas?, cualquier cosa desagradable que te hayan hecho o que hayas pasado, pues son estos los ataques que hacen que una persona llegue hasta suicidarse, son estos los ataques que hacen que poco a poco hacen que pierdas tu fe, tu fuerza interior, tu paz.

Pero puedes recuperarte, ¡vamos, puedes hacerlo!, deshazte de la idea de que eres mediocre porque en realidad todos podemos lograr lo que nos plazca, si no te gustan esos ataques te vuelvo a insistir tu puedes hacer la diferencia, tú tienes tu mente que está conectado con el todo, es pues quien tú mismo y solo tú mismo puedes cambiar, nadie te va sacar del hoyo más que tú mismo, no se va a lograr de la noche a la mañana, pero si en realidad sales de esa zona de confort llamada negativismo, y polarizas tu estado de ánimo, a base de cada esfuerzo de que tu hagas poco a poco al final de cuentas saldrás triunfador, porque cada esfuerzo que hagas dejara algo en tu conciencia, plantaras la semilla que tú mismo iras regando y al fin de cuentas convertirte en un gran guerrero supersayayin.

Estas caricaturas se tienden a confundir con el diablo porque produce un enorme miedo a lo desconocido, porque como humanos sentimos solo una pizca de nuestro poder de lo que en   que en realidad tenemos, ven dragones volando por el cielo, monstruos luchando con seres poderosos con Goku, donde destruyen planetas y matan a los seres que habitan en ese planeta bestialmente y entonces al ver esto, se asustan.

A todo el mundo en el fondo nos gustaría ser súper héroes y literalmente lo somos solo hay que evolucionar, lo ven tan fantasioso que ni si quiera se atreven a pensarlo por el miedo a hacer el ridículo, si en verdad eres libre de pensamiento activaras tu creatividad que puede ser tan poderosa como quieras y manejar como quieras las cosas tu construyes tu vida, tus maneras de pensar que te llevan a sentir lo que estas sintiendo ahora o has sentido a lo largo de tu vida.

Hay quizá muchas personas a las que les paso lo mismo que a mí, pero esto es lo que me paso personalmente, me hubiese dado mucho gusto haberme encontrado a alguien en mi misma situación, pues así no me hubiese sentido tan sola cuando más lo necesitaba, obviamente me volví una especie de otaku pues me gustaban todos los animes pero Dragón Ball era el que a mí me había marcado, que ya era algo muy personal pues estaba en juego mi vida.

Entonces tenía que ver quien había sido el creador de Dragón Ball pues sabía que el tenía la respuesta, fue ahí cuando supe que es Akira Toriyama, quería saber qué es lo que lo había inspirado a crear Dragón Ball o quien le dijo que lo creara y con qué propósito, pero sabía que había una probabilidad muy reducida de que él me lo pudiese decir, pues se trataba de algo muy serio.

Entonces vi que Akira se había basado en una leyenda japonesa para crearlo, un libro muy famoso de un autor llamado Wu-Cheng del siglo XVI llamado "viaje al oeste" donde se habla del Rey Mono llamado Sun Wukong que en este caso representaba a Son Goku con una nube voladora y un báculo mágico, yo me decía a mí misma que entonces tal vez Goku era el rey mono.

En ese libro mencionan a buda y a mí se me hacía muy razonable pues yo ya sabía que existía la religión Budista fue entonces cuando yo me metí hasta en las religiones con el fin de tratar de encontrar a Goku, decía que si Buda existió era muy probable que la leyenda del rey mono fuera verdad, después me di cuenta en los lugares donde investigaba que el rey mono está basado en "Hanuman" el Dios Mono al que adoran los hindús, pero me decía a mí misma nadando entre todos mis complejos de inferioridad y entre todos mis trastornos psicológicos ¡¿Cómo rayos voy a poder acercarme a un dios de tal magnitud, estoy hablando ya de cosas totalmente fuera de este planeta?!, me decía a mí misma ¿Que probabilidad tengo yo que siendo alguien tan débil pueda llegar hasta los dioses?, el hecho de que solo lo pensara hasta se me hacía gracioso, pero no sabía que el pensamiento es en realidad sumamente poderoso y no sabía que era capaz de poderlo hacer de verdad, pues lo que se plasma más adelante es realmente sorprendente que parece totalmente ridículo para la razón humana.

SI EN REALIDAD TE LO PROPONES, ERES CAPAZ DE LLEGAR HASTA LOS DIOSES.

Ya con una encrucijada de información no entendía entonces que pasaba con respecto a lo que se decía en las religiones, ya no sabía si la respuesta estaba en los budistas o en los hindús, en los cristianos, testigos de Jehová o en los taoístas, como ya me había percatado de varias filosofías en varias religiones, ya no sabía si la religión en la que me encontraba era la correcta, que en mi caso era la religión católica, en la cual yo veía a Jesús más que nada como un ser bastante evolucionado un ser ascendido pero la religión católica fue porque mis padres así me lo habían inculcado, tratándome ellos de insertarme sus dogmas, pero cuando yo veía Dragón Ball, yo pensaba y me decía ¿porque yo tengo religión y Goku no tiene?, incluso cuando veía a Goku entrenando con el que se supone que era el dios de la tierra en Dragón Ball, veía que lo trataba de una manera normal y sin miedo.

A mí me decía mi abuelita, mi mama, mi papa en fin, que a dios debemos tenerle miedo, yo jamás estuve de acuerdo con eso, les respondía que porque me decían eso, que eso no era verdad, yo veía a Goku que no le tenía miedo a nada incluyendo los dioses, es decir, porque se le tiene que tener miedo a Dios si se supone que esta para protegernos del mal, si Dios nos hiciera daño ya no sería Dios, seria alguien malo y eso no puede ser porque se supone que Dios es puro amor, es decir, mucha gente me decía es que Dios me castigo porque lo merecía, ósea ¿acaso a dios no se le pudo ocurrir otra forma para hacer que podamos entender si se supone que sabe todo y es puro amor?. Sinceramente considero que Dios sea quien sea por ser creaciones de él no nos puede hacer daño y por lo tanto no hay una razón para tenerle miedo.

Había ocasiones en que varias personas pensaron que yo necesitaba un exorcismo, me decían que tenía al diablo adentro por gustarme Goku,, yo que sin hacerle daño a nadie, sin faltarle el respeto a nadie y querer el bien para los demás, solo se posesionaron en su entupida creencia y que por su ignorancia no pudieron sacar otra conclusión, ni si quiera tienen la más remota idea de cómo funcionan esas fuerzas pero ahí están queriendo manipular y creyéndose los muy sabios cuando no tienen ni una pizca de sabiduría queriéndome exorcizar.

Es por eso que te digo amigo que te hagas un ser con conocimiento, el conocimiento es poder, hay muchos trastornos psicológicos que dan la apariencia de ser una persona poseída pero que en el cual son solo fallos neurológicos que por supuesto afectan el habla y las partes psicomotoras, no caigas en ese condicionamiento tan estúpido, porque puede ser que en cualquier momento te quieran manipular.

Con conocimiento nadie te podrá derrumbar, porque solo hay una verdad absoluta que es totalmente indestructible, con conocimiento nadie te podrá manipular porque tendrás una de las armas más poderosas la cual es la sabiduría, pero nunca olvidar la humildad que es realmente lo que te convertirá en un ser poderoso

Meterse en asuntos de religión es sumamente delicado pues los pensamientos y emociones se tienden a confundir pensando en que estoy atacándola, en tal caso estoy defendiendo al dios que cada uno de ustedes posean sea cual sea, pero si nos percatamos bien es la base de la misma esencia, todos los caminos llegan a roma y en este caso roma es Dios, dios lo formo todo, lo estructuro todo y por tanto todos formamos parte de él.

Las personas por cultura adquieren una religión, muchas personas tienden a cambiarse a otra o varias más religiones, pero aun así sigue siendo la misma esencia, la misma sustancia en donde roma sigue siendo Dios, lo podemos entender en varios significados, en varios idiomas pero aun así sigue siendo Dios.

CAPÍTULO III

¿QUIÉN ES DIOS?

Dios es:

D-*"destreza"* I-*"inteligencia"* O-*"optimización"* S-*"seres"*

Si pudiéramos describir a Dios en una sola palabra de seguro todos diríamos "amor" y en realidad eso es, Dios es amor y nada más pero este es un significado con muchísima profundidad que si lo logras entender de verdad cualquier vacío que tengas en tu ser lo llenara; Dios no ve las divisiones, para el todo forma parte del todo, si te pones a reflexionar Dios es roma por tanto Dios es amor y no importan las religiones por las que pases, todas absolutamente todas llegaran a ese origen llamado amor y es por ello que todas hablan del amor al prójimo, y si buscas el amor como todos pues está en cualquier lado y por supuesto en ti mismo también porque formas parte de ese todo, ***por eso es que si buscas la verdad pues conócete a ti mismo*** y entonces solo entonces sabrás la verdad tan añorada, es comprensible que en tu búsqueda no sepas como pero cuando tienes una noción de por dónde ir todo se tornara más fácil y es por ello que te lo estoy diciendo y una prueba de esto soy yo.

Es en realidad una pérdida de tiempo seguir atacando al de al lado por tener una religión diferente, pues en primer lugar no está siguiendo del todo lo que su religión marca pues todas hablan de respeto y amor por su hermano de al lado, más bien es su interior tanto como su mente como su ser quien necesita evolucionar para poder desarrollar esos valores tan importantes, de nada sirve atacar al pobre individuo solo porque no encaja en el estereotipo de la religión del individuo que está atacando, lo único que se busca al hacer esto es perderse más en el camino y estancarse en su propia ignorancia que es muy probable de que reciba ataques de cualquier índole haciéndolo sufrir.

En muchos casos las personas hablan de Dios ya por simple condicionamiento, muchos están tan perdidos que ni si quiera les importa buscar su propia verdad y por ende su propia libertad y solo cuando les pasa algo desagradable o experimentan algo peligroso es cuando se acuerdan de Dios que más que nada es un tremendo miedo a lo que está experimentando, por eso muchas personas después de haber experimentado en realidad algo doloroso se tienden a volver mejores personas, porque a ellas se les da una segunda oportunidad.

No debemos esperar a que pase esto, no importa que religión tengas si te fijas bien el amor de cualquier índole es lo que le da sentido a tu vida, el amor de tu familia y amigos y en caso de no ser así el amor a tu mascota o el amor por ti mismo, porque el amor no se compara ni con la Genkidama de Goku, bueno si, porque la Genikidama de Goku en si es amor, porque es unión de todas las energías para poder vencer el mal, para poder vencer el monstruo, si nosotros hiciéramos una Genkidama que más que nada es la *"unión"* sin divisiones, sin estereotipos ni todas esas cochinadas, imagínate la enorme capacidad de poder que tenemos para destruir todo mal, imagínate el poder indestructible que seremos todos como "uno", es aún más grande porque vuelvo a insistir esa Genkidama esta echa de puro amor y el amor es Dios y es solamente con eso con lo que te sentirás totalmente lleno no hay otra opción siempre que te sientes vació es porque te falta amor, atrévete entonces con todo tu súper poder a gritar ¡Genkidamaaaaaaa!.

Mis papas me decían te va a llevar el diablo porque no crees en Dios, yo nunca les creí, no se necesita tener o seguir un dogma o una religión para saber que Dios existe, Dios existe y está en mi y en todo lo que está a mi alrededor, en cada ser vivo, en cada flor, en cada cascada, en cada montaña etc., todo lo que digo de la religión lo digo con todo respeto y no intento ofender a nadie en lo absoluto si no todo lo contrario.

Tenía problemas con mis papas cuando les decía que si pensaban que con el solo hecho de hacer ciertas actividades en determinado templo se iban a salvar del infierno estaban equivocados, el infierno no existe, en todo caso el infierno está aquí en la misma tierra con tanta violencia, lo que vale es como actúas con los demás, que tanto odias, no es una obligación que hagas tanta cosa, tanta actividad en esos lugares para salvarte.

Solo tienes que encontrar equilibrio en tu vida donde no te dañen ni dañes a otro ser vivo, el templo eres tú y dentro de cada uno de nosotros esta Dios, el solo hecho de decirte que Dios no es un señor canoso de barba larga suena macabro en el interior al escucharlo por primera vez, pero como dice el típico dicho "el león no es como lo pintan" Dios es una cosa inmensa que se encuentra en todos lados y tú lo vas a ver como lo quieres ver, en una estatua como los budistas, en un cuadro como los católicos, en una paloma, en una cascada, en una araña, en tu compañero de al lado o en ti mismo, que en realidad todo esto fusionado sigue siendo Dios porque Dios forma parte del todo donde sientes tu respirar es Dios actuando, donde está tu sentir es Dios hablando, ¿Quieres que algo divino te proteja? Ya lo tienes desde que naciste, eres tú mismo porque cada uno de nosotros somos una pequeña chispa del creador.

Todo y absolutamente todo lo que sientes bello sale de tu ser interno, y es por ello que al igual que como yo que me identifique con Goku, tú te puedes identificar con un libro, con una imagen, con una estatua, con una frase bella,, con una flor, con un león, y sigues siendo solo tú y tu espíritu activo tratando de mostrarte lo que en realidad eres, todo con lo que te identifiques eres tú y solo tú, si por ejemplo una frase resuena y vibra de manera hermosa en tu interior como decir "se fuerte tu puedes" y sientes que te llega eres tú, tu inconsciente, tu espíritu que te está gritando cuanto poder tienes en el interior y eso sigue siendo Dios pues Dios es también la creatividad que llevas dentro.

Todos estos aspectos son solo simbolismos en los cuales nos identificamos a mí me costó mucho trabajo entenderlo, yo no quería deshacerme de ellos los amaba con pasión y locura.

Cada vez que me encontraba en un problema o un conflicto cualquiera, solo me bastaba acordarme de Goku para agarrar fuerzas, cuando pensaba en Goku adquiría una voluntad increíble que me daba la fuerza necesaria para poder enfrentar todo, había ocasiones en las que pasaba conflictos y en ese instante no me acordaba de él, pero extrañamente en esos momentos del conflicto en el que me encontraba volteaba a cualquier lugar y ahí había algo de Goku que hacía que me acordara de él, una imagen o algo que se refiriera a la caricatura, y a mí solo eso me bastaba para adquirir mucho poder, pareciera como si alguien estuviese jugando con migo para ver como actúo, al menos eso me servía demasiado pues gracias a Goku siempre me pude defender de lo que me atacara, era lo que me hacía aguantar todos los ataques de la sociedad desde las críticas, humillaciones, era lo que me indicaba que pasara lo que pasara nunca debía rendirme y que no me conformara con tan poquito, que siempre buscara más y más.

NO HAY PEOR CIEGO QUE EL QUE NO PUEDE VER LA VERDAD.

Muchas veces me sentía sola e incomprendida, no me sentía encajar con nadie, mi familia nunca me entendía, no me creían nada de lo que les decía y lo comprendía porque ellos también no podían ver la verdad, no querían abrir los ojos porque tenían miedo de quedarse ciegos al ver de golpe la luz incandescente pero no se daban cuenta que no podían estar más ciegos de lo que ya estaban, quería que se dieran cuenta de todo al mismo tiempo pero ni si quiera eran capaces de entenderme más que solo un poco.

Dios amigo lector eres tu soy yo y todo lo que está a nuestro alrededor, es todo lo que existe lo visible y lo invisible, es cada pensamiento que tienes y que proyectas, es cada sentimiento que esta clavado en tu interior, son tus ideas, tu creatividad e incluso tu angustia porque es esa misma angustia la que te permitirá valorar la pureza de tu verdadera felicidad, Dios no hace nada erróneo todo lo hizo perfecto, cuando te pasa algo malo según conceptos humanos Dios entonces es tristeza para que puedas comprender la alegría, cuando alguien te daña Dios entonces es rabia para que puedas comprender a los demás, Dios es todo y nada e incluso es silencio absoluto, es fragmentación y desfragmentación es tu cuerpo, es mi cuerpo que son lo mismo, cuando te pasa algo desagradable y dices ¿Dónde estás Dios te necesito dime que puedo hacer?, Dios inmediatamente viene, solo que muchos piensan que Dios es un señor de barba blanca y como no se aparece ante ti de esa manera empiezas a dudar de Dios, ya no piensen de esa manera tan ilógica Dios siempre vendrá a ti cuando lo necesites y se manifestara en lo que está a tu alrededor con un pensamiento, en tu imaginación, en una frase de un libro, en una canción que en ese momento se te presente a mí se me manifestaba por medio de Goku, pero era Dios en acción y va ser cualquier cosa que veas o sientas que te de un enorme mensaje en tu interior.

CAPÍTULO IV

EL SAYAYIN

Entonces seguí buscando a Goku, quería saber cosas acerca de los Sayayin, pues Goku pertenecía a esa raza según Akira Toriyama, buscaba en tantas fuentes de información y entonces me encontré con personas que me empezaron a hablar de metafísica, yo no tenía ni idea de que era eso, me hablaban de cosas que en ese tiempo consideraba tan rebuscadas.

Una de las tantas preguntas que yo me hacía era acerca de los Sayayin, algo me decía tan fuerte en mi interior que yo era igual a Goku, un Sayayin, al mismo tiempo lo dudaba porque me decía a mí misma, !por dios¡, yo no tengo cola ni poderes, como rayos voy a ser igual a Goku, eso lo pienso porque estoy enamorada de él, eso me decía mi lógica y mi razón, pero de nuevo aquella cosa, aquel fenómeno que va más allá de la mente me lo insistía y me lo insistía que llegue a la conclusión de que yo soy un Sayayin y que si no lo soy en mi cuerpo, lo soy en mi espíritu, y así lo establecí como un hecho en mi y por esa razón más me interese en poder saber que había más allá con respecto a los Sayayin.

Dicen que los sueños son códigos del inconsciente tratando de darnos un mensaje que responden a nuestros deseos más profundos, en una ocasión tuve un sueño en el cual estaba en una ciudad que se llamaba "Sayayin", era una ciudad muy bonita pintoresca, tiempo después me acorde de ese sueño e investigue para ver si de casualidad la ciudad existía, cuál fue mi sorpresa que al investigar si me encontré con esa ciudad, !si existe¡, se llama Sayán (Sayayin) y se encuentra en uno de los doce distritos de Perú en Huaura, ya para colmo enseguida de esa ciudad había otra muy bonita turística llamada "Vegeta", pero aclaro algo, yo solo soñé la de Sayán y eso fue lo que más me impacto, no entendía porque esas ciudades llamadas así están pegadas, y me impacto al saber lo de la ciudad Vegeta porque solo había soñado a la ciudad Sayan, en la serie animada también hay otro personaje que creo Akira "Vegueta" es el príncipe de la raza Sayayin.

Desesperadamente pensaba que tal vez en esas ciudades encontraría algo que me llevarán a Goku, lo había considerado como una gran señal yo no entendía en ese entonces bien que el universo está conectado y que todo lo que se piensa se atrae con la ley de atracción, decía yo que no podía ser posible que por la nada llevaran ese nombre esas ciudades y que además estuvieran juntas, mi pensamiento paranoico me decía que talvez Akira Toriyama había viajado a esas ciudades en algún momento en su vida y que talvez fue de ahí de donde se había inspirado en crear a la raza Sayayin, pero sorprendentemente no es así, lo que es un Sayayin es algo que rebasa los límites humanos que fue hasta más adelante cuando me explicaron.

Fue entonces que buscando a Goku y su raza, me encontré con personas que empezaban a hablar de extraterrestres y la evolución humana, mi mente ni si quiera había establecido bien lo que significaba del todo el concepto evolución pues entendía varios significados, además aquí lo plasmaban de una manera muy diferente, yo jamás me hubiese podido imaginar que podía evolucionar mi ser, había creído que para eso tenían que pasar millones de años como lo que enseñan en la escuela acerca de la evolución de Darwin y el mono que empezó desde un neardentál y tuvieron que pasar muchas eras hasta llegar al homo sapiens, afortunadamente nunca creí todo lo que me enseñaban.

Hubo personas que me decían que los Sayayin pertenecían a la Federación Galáctica, yo no tenía ni idea que era eso, ellos me explicaron que son un grupo de extraterrestres que luchaban por el bien de la humanidad, cuando a mí me dijeron eso yo daba saltos de alegría, pues yo siempre había creído en los extraterrestres, pero nunca me había percatado de la relación que podía tener Goku con ellos, pues me encontraba en la misma situación por el hecho de ser extraterrestres, y nunca haber visto uno, y me encantaba porque pensaba que tal vez Goku estaba ahí con los de la Federación Galáctica, mi imaginación cada vez que me decían eso se activaba en un nivel muy alto pero también mi desesperación por no poder encontrarlo.

Entonces me pude dar cuenta de que alrededor del mundo había supuestos contactados de muchas razas de extraterrestres que iban desde pleyadianos, arcturianos, draconianos, andromedanos etcétera y le habían dicho a mi mente inocente que formaban todos ellos parte de la flota galáctica de Ashtar Sheran.

Mi mente tan vulnerable quería encontrar aunque fuera a un solo contactado pues mi imaginación me decía que ellos eran lo más seguro que me podían llevar a Goku, fue entonces cuando conocí a una persona, su nombre es Natalia, ella afirmaba ser contactada por un pleyadiano de nombre Iridan Saren, yo me sentía sumamente emocionada porque al menos supuestamente yo había encontrado a una contactada, entonces me hice amiga de Natalia, pero extrañamente su contacto con Iridan eran por medio de Chat algo totalmente incongruente y muchas veces se le decía a Natalia que podía ser un farsante de tras de una computadora, y así fue, pero estúpidamente la sugestión humana así es y así dure años en aquel fraude terrible que me atrapo en sus telarañas malignas.

En las redes de Internet donde Natalia publicaba esto de su supuesto contacto con Iridan Saren el viajero de las pléyades le llamaba ella, tenía demasiados seguidores y todos ellos le creían y desafortunadamente yo también le creí, se está hablando de un efecto cadena terrible.

Cuando una persona guía tiene que tener mucho cuidado porque puede crear una avalancha con lo que está haciendo, si una persona empieza a enseñar primero tiene que tener un entrenamiento para poderlo hacer, si se lanza de una manera riesgosa el resultado va ser desagradable

Muchas personas son como niños perdidos inocentes e ignorantes donde precisamente este tipo de situaciones nos enredan y esto pasa precisamente por no saber quiénes somos en realidad nos agarramos todos del invisible Iridan Saren yo casi enloquecí, mi intención en ese entonces era llegar hasta Ashtar Sheran el supuesto comandante de la Federación Galáctica, yo sentía que nada me detenía yo quería llegar a Goku a como diera lugar, pues según Natalia Iridan Saren le decía que era hermano de Ashtar, todas esas personas estábamos no hipnotizados si no idiotizados con los supuestos mensajes falsos de Iridan.

En una ocasión estaba hablando con Natalia y en eso supuestamente llego Iridan esta situación fue por el Chat en la red social que había creado Natalia, en ese momento nos encantábamos solo 7 personas, de pronto Natalia dijo que Iridan iba a escoger a solo dos personas del Chat para poder hablar con él, entonces yo angustiadamente pensaba, ¡esta es mi oportunidad!, supuestamente antes de hablar con el teníamos que dejar un escrito o mensaje para que el así nos pudiera elegir, yo toda confusa deje mi mensaje tan lleno de sentimiento y de desesperación y por supuesto todas esas personas que se encontraban en ese Chat dejaron su mensaje también, luego de un rato el supuesto extraterrestre le dijo a Natalia quienes fueron los ganadores para hablar con él, fui yo y un señor de Chile, entonces ahí me pude fijar hasta donde era capaz de llegar la astucia de ese sujeto del otro lado de la pantalla.

Amigos deben de tener mucho cuidado con todo lo que se les dice, comprendo que estamos indefensos por eso les digo que hay que armarnos del conocimiento de la verdad absoluta, este sujeto que se hizo pasar por Iridan Saren era tan astuto que parecía tener sabiduría, parecía saber lo que había en la luna, y en la naturaleza del universo y era una completa farsa, este tipo de sujetos tienen una especie de entrenamiento para corromper más la mente humana y cegar más la verdad, cuando hable con el supuesto Iridan le pregunte sobre los Sayayin y él me dijo que formaban parte de la Federación Galáctica y ya no pudo decir más, este sujeto parecía tenerlo todo planeado, y a mí me atrapo y he podido salir de ahí y es por eso que te lo puedo contar en estas líneas que estás leyendo, parecen tener mucho conocimiento pero su mente macabra solo quiere controlar más la raza humana, cada vez que te topes con un supuesto contactado ten mucho cuidado, porque parecerá tener conocimiento pero los contactos no se dan así en lo absoluto, y por supuesto que no se dan por medio de un Chat eso es muy estupido, tampoco se da por medio de cómo muchos creen que empiezan a escribir y reciben mensajes de la quinta dimensión y tampoco en platillos voladores metálicos a lo que llaman encuentros del tercer y cuarto tipo, más adelante te explico porque.

¿Sabes lo que sentí creyendo cualquier estupidez que me decían? Se estaban burlando de mi al igual que con tigo lo hacen, sentí una angustia tan aberrante donde veía tantos cuentos en los cuales todos me los creía, te quiero abrir los ojos amigo, no quiero que pases por el sufrimiento que yo pase, Natalia se encuentra en su profunda tristeza y su ignorancia pues su supuesto Iridan un día se fue y ya no volvió jamás, se encuentra totalmente confundida como están muchos y ella si se encuentra a un nivel alto pues ella deposito toda su confianza en ese supuesto extraterrestre, yo también lo hice y casi morí en mi reconstrucción y rehabilitación pero no solo por eso si no por otras cosas más que se muestran también más adelante.

Estaba ya totalmente fuera de este sistema y me sumergía entre esos pensamientos fantásticos, que si hubo muchas veces que lo que yo fantaseaba era una mentira pero que de igual modo yo seguía estando ahí, mi mente me trasladaba inmediatamente a otra dimensión creada por mí misma y ahí estaban incluidos los de la Federación Galáctica y siempre lo vi como la realidad, pues al igual que los demás pudieron sugestionarme y manipularme a su antojo y yo lo único que quería era encontrar a Goku.

LO QUE DESEAS PUEDE TENER LA PROBABILIDAD DE UNO EN UN MILLÓN, PERO ESE "UNO" ES EL CORRECTO.

La verdad ya me encontraba harta de buscar, era algo de todos los días, lo primero que pensaba al despertarme era Goku y todo el día lo traía como una espina clavada en mi mente, al mismo tiempo me preguntaba ¿y entonces porque sigo haciendo esto? me está haciendo demasiado daño, me decía, ¿Qué probabilidad hay en que yo encuentre a Goku? y aquel fenómeno que va más allá de la mente me respondía: _esa probabilidad es de uno en un millón, pero ese uno es el correcto_, no podía parar era algo que mi yo físico no podía controlar y es que Goku para mí era lo máximo, una vez más me decía ¿Por qué?, ¿porque esta tan incrustado en mí?, reclamaba, ¿acaso no pudo haber sido otra cosa, otra manera de haber podido aprender?, ¿porque no pude haber elegido jugar a las muñecas o a la casita como las demás niñas?, todos los días le decía a Dios, ¿porque Goku?, y sinceramente llegue a pensar que él era el protector que se me había mandado para que yo pudiera evolucionar, y si, era mi motor que me arrancaba cada mañana, lo que hacía que le diera sentido a mi vida, ahí me sentía totalmente protegida y poderosa, no le tenía miedo a nada, ese simbolismo me alegraba aunque me pasaran cosas malas, aunque tuviese muchos ataques psíquicos a los cuales aparte ya estaba acostumbrada, Goku prácticamente era lo que dirigía mis actos, mis pensamientos y por ende mi conducta, pero me encantaba que eso fuera lo que los dirigiera, tener a Goku desde los 4 años hizo que todo mi ADN lo interiorizara de una manera tan rotunda e inmensa, había creado el apego más grande del universo, a diferencia de muchas personas que crean apegos emocionales grandes notaba que al menos lo tienen de una manera un poco difusa en la cual pueden descansar un poco, no como en mi caso que ya era un trauma, una intensa obsesión que conllevaba las horas que estaba en vigilia, cuando comía, cuando me daba una ducha, y sinceramente también en la escuela no supe cómo le hice para poder tener un promedio razonable, para todo y absolutamente todo yo relacionaba a Goku con lo que me pasaba en la vida cotidiana.

EL INTERÉS TIENE PIES, PERO EL AMOR TIENE ALAS.

Era tan frustrante ver así a un ser que no puedo ver en realidad, que no puedo tocar o hablarle, casi hice locuras por tratar de saber algo, quería con todo mi ser hablarle y sin temor a hacer el ridículo quería gritarle cuanto yo lo amaba, quería tocarlo y abrasarlo y no soltarlo ni dejarlo ir nunca jamás, era un sentimiento tan aterrador que lo único que me resignaba era verlo en la televisión, mi acto era tan pero tan cursi que tocaba la pantalla de la T.V y cargaba su muñeco de acción como amuleto, no podía soportarlo, y tampoco podía evitarlo, quería siempre tenerlo cerca, había creado una presencia invisible que le sentía tan real con un sentimiento tan real y tan puro lleno de pasión y afectos verdaderos y parecía loca hablándole a esa presencia invisible, porque yo le hablaba, y como dije antes estuve a punto de hacer locuras aun mas fuera de sentido pero de nuevo aquella cosa insistente en mi me indicaba que hacer y que no, me decía _sigue pero nunca hagas nada incorrecto_, ya estaba hasta el tope, tan vulnerable que prácticamente todo lo que me decían al respecto por más mínimo que fuera lo creía de una manera tan ingenua.

Muchas veces me manipularon porque por querer saber información tenía que dar algo a cambio pues en este planeta ya nada es gratis todo tiene una cuota o algún interés en específico, siempre se pide algo a cambio, por ahí dicen que el interés tiene pies y es siempre para poder satisfacer al ego de la mayoría de muchos, si tan solo se sobrepasaran los limites humanos dejaría de ser interés y dejaríamos de decir:

– bueno lo hago pero con una condición- -te cuesta tanto- u otro tipo de intereses como – está bien lo hago pero tienes que ser mi novia- palabras totalmente tan banales que sinceramente yo considero vulgares, si se sobrepasaran esas tonterías todo lo haríamos con el sentimiento sin esperar nada a cambio y es ahí donde esta situación se convierte en amor y si se lograra esto no solo se tendrían pies si no unas alas súper resistentes que nos permitirán ver más allá de lo que se está acostumbrado a ver.

Mi mente, ya no sabía qué hacer parecía como si hubiese yo venido a la tierra para encontrar a Goku, parecía esa mi misión, pues era lo único que yo hacía, buscarlo y buscarlo, pero era desesperante ver que nadie me podía ayudar realmente, y entonces, fue entonces que cuando ya estando al límite de mi confusión paso algo que afecto todo mi ser.

SIEMPRE QUE TENGAS UNA PERDIDA INMENSA SE TE SERÁ DEVUELTO POR TRIPLICADO

Yo me encontraba en un lugar donde varias personas estaban platicando, de hecho era un lugar muy bonito con naturaleza con bastantes árboles y plantas, a ese lugar me había invitado una persona conocida de mi familia, había alrededor de unas 20 personas y pareciera como si todo ya estuviera estructurado y listo pues estaban sentadas un sus sillas en círculo, de pronto llega una persona, era una señora de 45 años aproximadamente, su nombre es Graciela, se sentó donde yo estaba con esas personas, lo vi completamente normal hasta que comenzó a hablar con las otras personas, ella hablaba de cosas muy extrañas que yo en ese tiempo no entendía, lo hacía de una manera muy diferente a todos los que se encontraban ahí, ella empezó a hablar del amor y se hacía llamar así misma "Guerrera De La Luz" eso me llamo sumamente la atención, ella se despedía diciendo una palabra rara, esa palabra es "Namaste", yo no le decía nada, quería observar su conducta y lo que hacía y decía, cuando ya todos se habían ido yo me quede al último con ella para que me explicara acerca de lo que platicaba, todo lo que le iba a preguntar era con la intención de saber algo acerca de Goku, pues consideraba que era una persona de conocimiento y sabía que iba a ser capaz de comprenderme, cuando le pregunte qué significa Namaste ella respondió: _eso significa mi dios que llevo dentro saluda a tu dios que llevas dentro_, esas palabras me gustaron mucho, tuvieron una vibración muy alta y de armonía en mi interior, después de decirme varias cosas yo ya con ansias de preguntarle acerca de los Sayayin por fin le hice la pregunta, le dije que si había escuchado la palabra Sayayin y ella respondió que sí, en ese momento aún estaba dudosa porque no se me hacía muy lógico que una señora ya adulta supiera sobre la palabra Sayayin, porque consideraba que las personas de mi generación y quizás unos años más iban a saber de lo que yo estaba hablando o a lo que me estaba refiriendo, pero luego me dije que a la mejor le gustaba la serie japonesa y por eso sabia, entonces antes de preguntarle le advertí que tratara de que fuera comprensiva con migo acerca de la pregunta que le iba a hacer pues era algo extraña y ella me dijo que no había ningún problema, entonces por fin le pude hacer la pregunta _¿usted sabe si los Sayayin existen?_ yo solo quería ver si ella tenía alguna teoría o algo que supiera al respecto, algo que hubiese leído, lo que fuera, pero para mi sorpresa ella me dijo que sí, que si existen, yo entre mi enredijo de pensamientos había pensado que se estaba burlando de mí por eso le había advertido que fuera comprensiva, y entonces le dije que porque estaba tan segura con lo que le había preguntado y ella respondió: _**es simple eso es porque yo soy uno**_, y yo replique, y pregunte: _¿un qué?_, y ella me dijo: _**pues un Sayayin**_, y yo aun dudando le volví a replicar: _**¿usted es un Sayayin?**_ y ella respondió: _**si**_.

En ese momento mi mente ya no coordinaba nada bien, empecé a temblar y ella me veía, obviamente se me notaba demasiado pero no me decía nada, ella noto que estaba desesperada y con demasiada angustia, quería saber todo, no podía controlarme pero la pregunta más importante de mi vida la cual le dije enseguida y que por supuesto por nada del universo se me iba a pasar, la cual era que si Goku existe como pude agarre un respiro y le pregunte: _**¿si los Sayayin existen y tú dices que eres uno, Goku existe?**_ y ella respondió, _**si**_.

Desde ese momento que para colmo estaba al límite de mi confusión, cuando ella me respondió que "*sí*" algo le paso a mi mente y a mi cuerpo, algo le paso a todo mi ser, perdí casi la razón, ya no sabía si lo que veía era verdad, ya no sabía cuál era la realidad de las cosas, no podía comer y tampoco dormir, andaba como un zombi, se me había desfragmentado mi conciencia y mi personalidad que conllevaba mi identidad, había entrado en estado de shock que me duro tanto tiempo poder asimilar, en ese momento en todo ese lapso lo único que quería era irme con Goku a donde él estaba, pero no con decirlo lo iba a lograr, era una necesidad inmensa, tanto que no quería estar en este planeta, quería huir de aquí de la tierra, que después me di cuenta que eso es terrible porque la tierra es un lugar maravilloso, lo único que la arruina es el tonto sistema en el que nos encontramos, pero no me quería ir en manera de suicidio, si no que yo me quería ir con Goku como siempre había deseado, donde cada día decía, !Goku si existe, Goku si existe y lo voy a encontrar y entonces me iré con él, porque él es bueno!, después de que le hice la pregunta le dije que me explicara sobre los Sayayin, y ella para esto me dijo _tu también eres uno_, yo seguí temblando por supuesto, y entonces le dije _pero como voy a ser un Sayayin, yo no tengo poderes ni cola_ y ella me explico:

_Los Sayayin somos nosotros mismos pero de una manera más evolucionada y tenemos que recuperar todo lo que somos si no nos destruiremos nosotros mismos unos a otros, si seguimos así seguiremos siendo esclavizados hasta el grado de no poder alcanzar nuestra propia libertad, hasta el grado de perder hasta la más mínima pizca de divinidad que tenemos como seres espirituales donde se nos atara de manos a modo de no poder la más remota cosa libre que queramos quitándonos así el poco potencial que nos dejaron a causa de no entender.

Nos habrán podido quitar nuestra manera libre de pensar por habernos metido miedo en la sociedad, nos podrán haber condicionado como cualquier animal para poder hacer lo que se les antoje con nosotros controlándonos con el dinero, la comida y la alimentación bajando mucho nuestra calidad de vida, si, nos podrán haber hecho todo eso pero aún nos queda algo ya por orden divino, nos queda esa chispa divina que nos pertenece por naturaleza, esa chispa de luz maravillosa que aún tenemos pues fuimos hechos por el creador, nos podrán ver como la más asquerosa escoria que puede existir pero hay una salvación, esa salvación es evolucionar para pasar de ese estado bestial al estado ese humano cósmico Sayayin potente en toda su divinidad de creación.

Por ser Sayayins somos Guerreros De La Luz maravillosos, no somos lo que nos han hecho creer somos mucho más que eso, solo que muchos están dormidos y no se dan cuenta pero despertando lo que somos se nos abrirá la puerta hacia la libertad, hacia la verdad y el conocimiento dejar de ser un animal pensante y pasar al estado Sayayin_.

Si nos convertimos en supersayayin, nos convertiremos en guerreros legendarios sumamente poderosos y si eso llegase a pasar ya no existirá más la maldad, la incomprensión, la codicia y lujuria y todas las cosas malas que el estado ozharu salvaje tiene, ese guerrero que posee su aura dorada limpia totalmente de suciedad, esos que tienen su hermosa aura dorada que han sobrepasado los límites bestiales de este plano, hay muy pocos a comparación de todos los que vivimos en este planeta, podemos limpiarla, sanarla, trasmutar la energía y elevarla a una alta vibración de resonancia, así como cuando Goku se convirtió en súper Sayayin, donde saco a su parte Ozharu que es la parte depredadora y paso a ser un ser más evolucionado.

Cuando yo vi por primera vez a Goku transformarse por primera vez en "supersayayin" mi mente tubo otro impacto en mi conciencia, me preguntaba entonces porque su cabello se cambió repentinamente de color negro a rubio y sus ojos de color marrón oscuro a color verde azulados, me preguntaba que era la cosa que emanaba a su exterior de color dorado, se me hacia una cosa tan hermosa, en aquel entonces lo comparaba con un ángel de verdad, lo veía como una cosa divina y no me equivoque.

Veía la perfección sin divisiones, sin odio, sin miedo, podía ver claramente la representación de un ser tan puro lleno de amor mostrando que "el racismo" es solo un acto tan entupido de gente totalmente ignorante.

Talvez te preguntes en este momento que tiene que ver el racismo con Dragón Ball, y es precisamente lo que te estoy diciendo, cuando yo vi a Goku convertirse en un súper Sayayin fue una cosa inmensurable para mí, me estaba mostrando perfectamente lo que somos, diciendo que una persona que en realidad es evolucionada e inteligente no aplica el racismo con nadie porque aplicar ese acto tan salvaje de ozharu es totalmente repugnante.

Esto se entiende porque Goku siendo de cabello oscuro y ojos marrón oscuro se manifiesta al transformarse en un supersayayin de ojos azules, había personas quienes me decían que es porque se está representando en esa caricatura a la raza Aria totalmente racista pero no lo tome así porque su transformación más poderosa que es la 4 es de cabello negro y no hablo de cómo fue creada si no de lo que a mí me dejo sea como sea que haya sido creada esta serie.

A lo que voy precisamente es que no debe de existir el racismo, el creerse más superior por ser blanco y de ojos azules es algo muy banal sin nada de espiritualidad verdadera, en ciertos capítulos de Dragón Ball veía a Goku que tenía amigos que son de color como Upa, el papa de Upa y Ub la reencarnación de Magin Boo en donde según Akira lo plasma como su discípulo, cuando yo veía así a Goku se me revolvía el estómago de alegría pero a la vez tristeza porque en la realidad que me encontraba estaba rodeada de racistas, creyéndose superior a alguien que es de color.

Uno de los aspectos que van relacionados con el estúpido racismo por el hecho de tratarse de discriminación, son las clases sociales donde las clases bajas son totalmente rechazadas, no puede ser posible hasta donde ha caído la raza humana, muchas personas también se creen más que otros por tener más dinero que otros, el dinero claro que es bueno pues nos ayuda a cumplir con nuestras necesidades básicas pues el dinero es parte de la plenitud y armonía pero desgraciadamente se a desviado aun aspecto muy ignorante de aplicación, se a sustituido por la dignidad y el verdadero poder personal pues muchos piensan que si no tienen dinero no valen nada.

El dinero es material que se dejara en este mundo ilusorio, holográfico (Matrix), lo que vale no son las súper mansiones ni todos los carros lujosos del mundo, lo que en realidad vale es tu ser, tu espíritu porque es lo único que te pertenece, no te estoy diciendo que te deshagas de todo lo que posees, es bueno también tener cosas materiales por mientras estamos en este plano para poder tener bienestar, para tener prosperidad y abundancia, a lo que me refiero es que lo que tu vales como ser no lo definirá nunca el dinero y que por supuesto no tienes el derecho de tratar mal a otro por no tener los mismos recursos pues quien a pies descalzos va conoce lo más valioso de la vida, es por eso que el dinero pudre el cerebro, aparte se crean apegos con cosas que no tienen sentido y que hacen sufrir y todo por la nada, fíjate bien en personas de ese tipo al que le dan asco los pobres, al que le dan asco los negros o los tarahumarás, ¿En realidad crees que vale la pena darle nuestro poder a ese tipo de personas? Ese tipo de personas actúan así porque no se quieren así mismas y están muy lejos de la verdad de la luz, pero hay siempre otra oportunidad de cambiar tanto para esas personas como para uno mismo que lo ha permitido, podemos empezar a sacar todo lo malo tanto como para no dañar y no permitir que nos dañen,

Si en realidad quieres ser un Sayayin y por cultura eres racista, ¡puedes cambiar!, por supuesto que si puedes cambiar, piénsalo bien ¿En realidad crees que vale la pena tener el cerebro podrido pensando que las personas de color valen menos?, yo se que tal vez tengas ese sentimiento por condicionamiento colectivo o por el miedo al que dirán, pero amigo si quieres evolucionar para ser una mejor persona empieza a destruir ese monstruo, ese demonio que se construyó desde la segunda guerra mundial y quizás desde mucho antes, es muy importante que comprendas que todos estamos conectados y todos venimos de la fuente divina, sé que dé tras de esas risas macabras que muchos tienen hay esta ese súper Sayayin que somos lleno de amor y compasión, tienes la fuerza para aniquilar el racismo, yo sé que puedes, el sentir que te rechacen es una cosa que puede matar y es razonable porque esa persona que está siendo rechazada está siendo atacada por un bestia.

Pueda ser que tengas un cierto grupo de amigos en el cual todos son racistas y que por tal de no sentirte solo haces ese acto tan banal de discriminar, pero, déjame decirte que si llegase ese a ser tu caso, tú eres único y tienes una venda en los ojos, ¡quítatela ahora mismo! Es momento de que te des cuenta de tu verdad, destruye a ese Satán interno, ataca con ese Kame hame haaaaaa y ese poderoso puño del dragón, teletranspórtate a la dimensión de la luz y la bondad, conviértete en super sayayin fase 1, fase 2, fase 3 y fase 4 y fase Dios y haz una ¡Fuuuusiiiiióóóón! con la fuente divina, eso es en realidad amigo lo que vale la pena, introspección haz a ti mismo y empieza a aniquilar la maldad y el universo te lo recompensara por triplicado.

Ahí se manifiesta en esa caricatura claramente, diciéndonos ¡personas del planeta tierra por lo más sagrado del universo evolucionen! cada vez que yo veía a Goku convertirse en supersayayin algo me decía por dentro ¡busca, busca, busca tu verdad te pertenece! sentía a la caricatura que casi me hablaba diciéndome ¡veme como le hago yo, mira la luz dorada que sale a mi alrededor tú también puedes!.

Fue entonces que me di cuenta por primera vez que el Ki si existe de verdad y por primera vez me di cuenta que esa luz dorada que emana hacia el exterior se llama aura y que su Kame Hame Ha es energía universal y también la Genkidama.

Fue entonces que por primera vez me di cuenta de que era el cuerpo energético y que esa luz dorada que salía de Goku se llama "aura" y la energía universal y el darme cuenta al buscar que en verdad existe y que me dijeran que yo soy un Sayayin fue algo que alegraba todo mi ser a la máxima potencia, el darme cuenta que yo misma soy energía universal por ser parte del todo, por ser parte de Dios, mi ser no podía percibir otra cosa más hermosa que eso, tenía mi aura completamente sucia a causa de todas la cochinada que hicieron que se me incrustara en mi mente y que se manifestó en manera de Ozharu, en manera de la más terrible angustia, y entonces, yo quería de vuelta mi hermosa aura dorada de Sayayin y estaba dispuesta a recuperarla, estaba dispuesta a recuperar todo mi poder que se me fue arrancado de mis manos y que al regresar a mi regresara multiplicado por 7, porque fui aunque suene como víctima y débil, fui muy vulnerable ante toda esa maldad, ante toda crueldad donde no tenían compasión por desestructurar las mentes tratándolas de enloquecer.

Yo siempre como lo dije antes sentía que si no era Sayayin por fuera lo soy por dentro, tanto tiempo buscando el origen de los

Sayayin y me di cuenta que ese origen está en mí, una ironía totalmente plasmada hecha realidad.

El sentir que yo en realidad soy un Sayayin sobrepasaba los límites de mi pensamiento y de mis emociones, me sentía realmente como un superhéroe y había comprendido por fin el camino del guerrero, ese camino inmensamente agotador.

CAPÍTULO V

LA DESFRAGMENTACIÓN DE LA MENTE

Después de haberme explicado Graciela lo del Sayayin le volví a preguntar de Goku, le dije que por lo más sagrado del universo me dijera donde esta Goku pero ella me dijo: _tienes que tranquilizarte y debes ser paciente, todo lo sabrás a su tiempo lo único que te puedo decir es que él es un ser extradimensional_, yo me quedaba con los ojos cuadrados, me decía a mí misma !que rayos es eso¡, en un momento me dio un sentimiento como de rabia reclamando que porque nunca había venido a ayudarme, que siempre le necesite, si se supone que el ayuda a todo el universo porque cada vez que le hablaba, nada de nada, y ella me respondió: _tu como sabes que no ha venido a ti si no lo puedes ver con tus ojos físicos porque ese tipo de seres poseen una energía inmensa que se encuentra en otra vibración_, en eso le pregunte ¿Cómo eran las luchas entre la luz y la oscuridad?, para esto ella me dijo: _son muy duras_, luego dije con gran exaltación: _!y Goku¡_ ella dijo:

cálmate tranquila Aleya todo lo sabrás a su tiempo tienes que prepararte y yo le dije: _pero que es lo que tengo que hacer, como me preparo_ entonces ella no me respondió y en vez de eso me volvió a repetir:

tranquila debes prepararte me tengo que ir, en eso se retiró dejándome con una gran desestructuración mental en todo lo que en ese entonces yo era, alguien tan pero tan débil llena de miedos, de complejos, llena de angustia e intranquilidad, una persona que juzgaba a diestra y siniestra, me sentía en medio del mar sin saber nadar y sin salvavidas.

Sabía entonces que si quería llegar a Goku tenía que evolucionar y sacar de mí esa parte depredadora que me habitaba, ya no tenía únicamente que ver con mí

HASTA LOS ERRORES MÁS PERVERSOS FORMAN PARTE DE LA MISMA PERFECCIÓN.

capricho de encontrar a Goku, también ya era algo sumamente serio que tenía que ver con mi vida pues estaba en juego mi existencia, había entonces comenzado la batalla con el terrible monstruo para así poder recuperar todo mi poder y mi aura dorada, se desato una revolución en mi interior que parecía interminable, era tan desesperante, una cosa que tenía las veinticuatro horas del día, no podía descansar ni un solo momento, tenía que evolucionar, tenía que saber mi verdad a toda costa era imposible detenerme, era imposible dar vuelta para atrás, de cualquier modo no se podía pues cualquier cosa que yo viese en la vida me llevaría de vuelta al mismo camino.

Me obligaba interiormente a fijarme a cada segundo lo que está bien y lo que está mal, sentía como si desde que nací me echaron a la tierra para tener un entrenamiento demasiado exhaustivo, me convertí en un cazador de mi propia actitud con todo, con cada persona que hablaba, con cada ser vivo y con migo misma, no quería herir a nadie, al principio de cierta manera me sentía amenazada, pensaba que cualquier errorcito que cometiera iba marcar mucho mi avance, pero no me daba cuenta que estaba cayendo en un error muy grande "en el perfeccionismo" era esto otra jugada del ego que me hizo pensar por mucho

tiempo que era lo correcto, y me di cuenta que no es así, !no¡ porque simplemente es una máscara, un autoengaño nada natural como en el caso de muchas personas que se dicen ser buenas y no lo son, nadie es perfecto y menos teniendo a ozharu dentro, a Ozháru hay que saberlo controlar, pero nadie es perfecto.

El que yo cayera en el acto del perfeccionismo me provoco mucha culpa y por ende mucha angustia, el querer aparentar ser perfecto es solo un miedo disfrazado, miedo al qué dirán de los demás, pues aparentamos estar de acuerdo en algo cuando en realidad no lo estamos, a mí me paso porque esto me provoco una distorsión cognitiva que me hizo pensar por mucho tiempo que el decir no, o no me parece o el retar a una persona me hacía mala y que no iba a evolucionar pero eso por supuesto que no es así, el que nos defendamos no nos hace malas personas al contrario porque estamos defendiendo lo que es justo para nosotros me di cuenta de eso porque sinceramente era tan pero tan desgastador, creía que la rabia que llevaba dentro me la tenía que reprimir y no es así, esa rabia siempre tiene que salir porque es una manera de liberar el alma y es de ahí de donde se aprende y que además es algo que forma parte de la naturaleza, me di cuenta que no podemos dejar de sentir pues eso es lo que nos hace humanos, pero que tenemos que aprender del circulo vicioso de las emociones negativas en las que nos encontramos, liberar toda la furia que llevamos dentro pero tratar de no volver a caer en el mismo error, darle un alto a ese círculo vicioso pues entendí que cada vez que nos sucede algo nos pasa por alguna razón para poder aprender y que si no aprendemos la lección nos volverá a pasar una vez más y así sucesivamente hasta que podamos entender y así evolucionar, así bien nos pueden dar revolcadas sin cesar y si no entendemos lo que es correcto se nos seguirán dando más revolcadas hasta entender.

Yo caí en el perfeccionismo porque pensaba que si cometía algo malo no iba a ver a Goku nunca y eso era lo que más me aterraba, pero después de mucho tiempo de estar en el acto del perfeccionismo me canse tanto de ese acto que entonces ese fenómeno que va más allá de la mente salió de nuevo a flote y me indico: _ya es suficiente puedes descansar, ya has aprendido_, me hizo sentir que seguir así estaba mal pero al mismo tiempo me iba a enseñar algo y así fue.

Me hice totalmente vegetariana, más bien vegana, de pronto ya no comía carne de ningún tipo de animal y también deje de matar insectos, algo me paso que me hizo ver aquella belleza de todo lo que se movía, no lo hacía ya por miedo a que no encontrara a Goku si no que era como si yo ya lo hubiese sabido, como si eso siempre hubiese formado parte de mi naturaleza, yo al mismo tiempo me confundía pues en la serie japonesa Goku se comía una ballena entera y comía carne, pero supe que la palabra "Sayayin" es un anagrama que significa vegetal, ¿y porque significa vegetal?, porque el Sayayin representa un espíritu mas elevado que no mata ni hiere a ningún ser vivo, además cuando conocí a Graciela ella me dijo que no todo era verdad en cuanto a la serie, que es más bien la esencia de lo que es esta y de lo que tiene oculto, de lo que nos puede mostrar descubriendo minuciosamente poco a poco, con los humanos no batalle en el sentido de crear empatía porque yo siempre desde que nací fui noble y con los animales menos pues siempre me gustaron.

Muchas veces me pregunte porque muchos de los seres humanos que nos encontramos en este planeta no tienen empatía, me decía a mí misma ¡donde quedo la empatía no puede ser que se haya ido tan fácil!, desarrollar la empatía es algo muy particular del verdadero Sayayin, ya yo la poseía naturalmente, pero, esas personas a las que le falta tener empatía que se encuentran en el estado bestial Ozháru quería decirles que tuvieran empatía, pero hacer eso era algo totalmente inútil porque cuando se encuentran en ese estado de evolución tan bajo no pueden razonar porque no saben razonar y es porque es algo mental y también es por eso que cuando la persona Ozháru empieza el tránsito hacia el Sayayin se le empieza a activar el sistema límbico en el cual se activan las neuronas espejo que le permitirán tener empatía con todas las formas de vida.

Todas las personas mandamos en nuestro propio cuerpo, en nuestro propio ser, y somos nosotros quienes vamos a controlar a Ozháru, que es el Satán interno que todos por defecto tenemos y que por supuesto no es nuestro estado natural.

Nuestro estado natural es el estado cósmico, Sayayin, y es por eso que para poder recuperar nuestro estado Sayayin debemos batirnos a duelo con ese demonio llamado Ozháru y que quede bien claro que Ozháru es lo que nos produce todo el sufrimiento que tenemos, es cualquier cosa que vaya de acuerdo con la negatividad.

Otra de las cosas que deje atrás fueron las religiones y no quería tener que ver con nada de los partidos políticos, me explicaron que eso me retrasa, que me controla, además yo nunca había entendido tanto enredijo, tanta contrariedad entre ellas en donde solo lo que hacen es que los seres humanos se separen más y se dividan en donde se atacan unos a otros, en donde piensan tener la razón de la verdad, si Jesucristo viniese a la tierra nadie se daría cuenta porque todos estarían esperando a su versión de Jesús, unos dirían una cosa y otros dirían otra y todo seguiría peor, hasta en la Biblia todos los que la manejan ahí lo dice donde pablo se dirigió a los corintios diciéndoles: _"yo vengo a hablarles del dios desconocido, y si lo buscan no está lejos, está más cerca que su respiración y no habita en templos por manos humanas porque en el vivimos nos movemos y somos"_ ahí lo dice pero todos lo interpretan a su antojo y su conveniencia, los sacerdotes y el vaticano lo modifican a su manera para podernos controlar, nosotros somos Dios, somos unos seres maravillosos con un potencial formidable, somos Sayayins.

Si hubo muchas veces en las que me preguntaba ¿Qué hago aquí? Que ¿Cuál es el sentido de poder vivir? me preguntaba ¿Por qué hay tanto odio en la sociedad? Y la respuesta me la dio siempre Goku, hay tanto odio en la sociedad por tener esa parte monstruosa en el interior a Ozháru que se podría decir como si fuera el Satán interior de cada uno y mencionarlo de esta manera no me estoy refiriendo a una posesión diabólica si no aquella cosa que tenemos en el ADN que nos hace ser salvajes y sufrir y que como lo dije debemos saber controlar para convertirnos en súper Sayayins.

Todos nosotros tenemos la fuerza de poder vivir, la capacidad de dirigir nuestras propias vidas, podemos tener nuestros propios pensamientos y decisiones, es pues que tenemos todas las herramientas necesarias para poderlo lograr, la mente para hacer una operación matemática solo necesita 14 neuronas ahora imagínate que podemos hacer si somos capaces de activar todas las demás que son miles y miles, es por eso que te digo que nuestro potencial no tiene límites, somos la más terrible pesadilla de Freezer.

Lo que es Dios es amor y nada más, todos somos amor y el arma más poderosa que nos puede salvar es el amor, aprendernos a defender con sabiduría donde encontremos un equilibrio, y siempre que tengamos dolor en nuestro corazón es para aprender, siempre que pase así será para que conozcas al hermano que se encuentra a tu lado.

Una de las cosas que me enseño Goku fue a que despertara la maravillosa virtud del perdón que actualmente no es fácil de conseguir, lo que Akira Toriyama plasmo en el capítulo 104 de Dragón Ball Z tuvo un impacto también en mi conciencia, cuando Goku ayudo al monstruo brindándole un poco de su energía a pesar de lo que le había hecho, cuando vi eso enserio me estremecí por dentro, no lo entendía ¿porque a pesar de que casi aniquilo a todos los Sayayin y haber matado a su mejor amigo, a pesar de ello lo ayudo?, es decir, ya sé que es el guión de la serie escrito en unas hojas de papel, pero no es eso el punto, si no lo que a mí me decía, ósea sin temor a hacer el ridículo esto me despertaba una clase de amor incondicional, yo al ver a Goku que hacia eso ya de por si a mí me gustaba, eso es algo que ya no puedo explicar con palabras, sentía que trascendía el simple enamoramiento donde solo había pasión, esto era algo que iba más allá, de verdad inexplicable era algo que me hacía amar no solo a él sino a todo lo que yo veía y algo muy importante algo que me hacía amarme a mí misma, esto me hacía vibrar, me hacía entender los errores de todos los demás y verlo de una manera más sabia, donde veía todo de una manera más inteligente cada vez que se burlaban de mi o me atacaban de cualquier otra manera, me despertó la capacidad inmensa de comprensión, Goku nunca quería matar a sus enemigos a cada uno le decía que se regresara a su planeta.

Podía ver el estupendo equilibrio que tenía para poder manejar lo bueno y lo malo, esa tremenda combinación de nobleza y valentía al mismo tiempo, esa actitud tan audaz pero tan compasiva que no había visto en otro súper héroe así como lo vi con Goku, desde ese momento empecé a comprender que todo lo que me rodea tiene un equilibrio perfecto y que ese es el punto exacto al que tenía que llegar, no dañar a nadie pero tampoco dejarse de nadie, ser noble pero a la vez firme, empecé a entender cómo funcionaba el yin yang que en muchas ocasiones había leído pero no lo comprendía del todo y lo establecí como en el término de un noble-salvaje, empezaba a comprender como funciona en realidad el universo, cómo funciona el todo que al saber eso me dio el conocimiento de ciertas leyes que se rigen en el universo y que si las aplicaba bien y con precisión podría alcanzar la armonía total y la autorrealización, por eso y muchas cosas más yo veía a Goku como mi prototipo perfecto y para mí era oro puro porque Goku siempre fue como mi maestro.

LA INTELIGENCIA FUSIONADA CON EL AMOR SE CONVIERTE EN SABIDURÍA.

Me enseño que en todo lo que haga debo encontrar un equilibrio, tengo la grandiosa capacidad de perdonar de verdad, pero también de no permitir que me dañen, me enseño a ser una guerrera; enserio lo vuelvo a mencionar me daba en veces coraje de que aprendiera de una caricatura, le decía yo al universo porque no me mando un guía que en verdad pudiera observar con mis ojos humanos o que pudiera tocar con mis manos, quería ver alguien aunque fuera a una sola persona consciente llena de amor pues el ver yo eso mi corazón se llenaría de una alegría inmensa, gracias al cielo que Akira Toriyama invento a Goku sino no podría decirte lo cuan grandioso he logrado hasta ahora..

Según dice Akira Toriyama los sayayin puros como Goku, Vegueta, Broli significan vegetales, Vegueta significa vegetal, Broli, brócoli, y Goku en donde su nombre Sayayin es Kakaroto significa zanahoria, esto representa la nueva raza no depredadora y carnívora mas evolucionada.

Tal vez sea una ironía graciosa de decir, yo desde los 5 años tengo mala visión en un nivel muy alto, la gente me decía necesitas zanahoria te ayudara mucho, por dentro de mi imaginaba, con ganas de decirles no se imagina cuanto necesito la zanahoria, refiriéndome a Goku ya que Goku significa zanahoria, me decía a mi misma !vaya ironía¡, todo lo que yo era parecía encajar perfectamente con Goku, me preguntaba paranoicamente ¿pues que es lo que tiene la zanahoria no sabia de los grandiosos beneficios que tiene la zanahoria uno de los cuales es fortalecer el sistema inmunológico.

CAPÍTULO VI

DE OZHÁRU A SAYAYIN

"EL SAYAYIN, CONVIERTE LA ENERGÍA NEGATIVA
EN POSITIVA, Y ESTO SE LOGRA AMANDO."

Actualmente no es fácil encontrar el equilibrio en nuestras vidas, algo que como lo establecí es muy importante para poder resistir en este mundo lleno de egoísmo, el equilibrio hace que tengamos una paz interior pero por no tenerlo a causa de siempre estar compitiendo con los demás para demostrar quién es mejor, por estar siempre juzgando todo sin cesar, el equilibrio está muy lejos de alcanzar y todo eso es el culpable.

El equilibrio es algo que nos permite estar en armonía con todo nuestro ser, el Sayayin transforma la energía negativa en positiva y así genera un equilibrio que le permite tener un corazón tranquilo como Goku que era un guerrero de corazón puro y tranquilo.

Fíjate bien, te daré un ejemplo que hasta lo puedes utilizar como una especie de técnica para que veas cómo es posible transformar la energía negativa en positiva, en donde la positiva evidentemente es el amor y cuando la apliques pon mucha atención a lo que sucede cuando lo hagas, a lo mejor ya lo has hecho y ni cuenta te habías dado, o quizá sí, el punto es que lo sientas siempre a donde quiera que tu vayas, no importa la más mínima porción de lo que puedas comprenderlo pero con el solo hecho de que lo interiorices por naturaleza tu inconsciente a donde quiera que tu estés lo recordaras.

Pon mucha atención, cada vez que yo salgo a la calle me produce mucha tristeza ver que hay algo tan cruel que pertenece a Ozháru (la parte depredadora y cruel que posee el ser humano) me refiero a la discriminación, es algo tan aberrante para el ser humano que solo aleja más, y divide más a las personas, considero que el acto de discriminar tiene una energía tan negativa que destruye la integridad de cada uno de nosotros, donde cada vez que nos pasa, cada vez que nos discriminan o nos rechazan nosotros nos sentimos pisoteados y humillados por no sabernos defender, nos van quitando poco a poco en cada uno de esos actos una chispa maravillosa de nuestro ser y es lógico que esto nos va arrancando nuestro poder, ahora bien si yo soy la que discrimino y yo soy la que le hago daño a los demás, además de que me invado con una energía muy negativa es por seguro que en algún momento pagare todos los malos actos que he cometido y los pagare con mucha más potencia hasta que entienda que no debo hacerlo, y así seguirán los golpes uno tras otro en la vida a veces no tan fuertes pero otras veces esos ataques suelen ser demasiado macabros y crueles como una enfermedad mortal o algo que se le compare que al final de cuentas el resultado de tal tontería es vivir en agonía, en donde por no tener empatía por los demás se incrusta un dolor tan grande a causa de lo malo que hemos hecho, esa increíble energía psíquica también llamada "libido" que es capaz de matar al ser humano cuando se ve vulnerable a ese ataque, que cuando es atacada se vuelve tan frustrante manifestándose como una angustia que no se puede controlar que se estanca en nuestro se y que de alguna manera y en cualquier momento saldrá y puede salir en un acto que es razonable pero en muchos de los casos suele salir de una manera drástica tal es el caso de los suicidios que pasan en todo el mundo y que han pasado a lo largo del tiempo.

Me he topado con muchas personas que dicen desesperadamente y con angustia !Dios porque a mí, porque me pasa esto a mi¡ pero quizá esas personas no se han puesto a pensar que tal vez les pasa porque cometieron algo malo en el pasado, quizá no se han hecho un diagnostico de los actos que han cometido que han sido dañinos a algún ser vivo, no se dan cuenta que todo acto dañino se paga.

Existe una ley en el universo, la ley del 3 y del 7 y funciona tan potente que es para tenerle respeto pues solo actúa con cosas que son totalmente injustas, y establece que "cada vez que nosotros hacemos algo malo se nos regresara multiplicado de tres a 7 veces" y es porque todo lo que sube tiene que bajar, todo lo que sale se regresa y es porque todo efecto tiene una reacción, así funciona, no hay escapatoria, querer huir de esto es pérdida de tiempo, es un acto que además de ser cobarde lo aplicaríamos en vano y esto pasa porque así funciona la naturaleza "la naturaleza no nos atacara jamás si no la atacamos", si nosotros hacemos algo salvaje y cruel con intensión maligna de esta manera es como pagaremos de 3 a 7 veces, se suelen confundir muchas personas cuando se habla de esto porque se tiende a pensar que nos tenemos que dejar de todo lo que nos hacen malo porque sabemos que podemos pagar y no es así, una cosa es tener una intensión maligna y otra es defendernos de lo que es justo para nosotros, siempre siempre debemos defender lo que es justo y correcto.

Ahora que ya sabes una ley tan importante si en alguna ocasión sientes las ganas de hacerle daño a alguien mejor piénsala dos veces porque no se sabe que es lo que el universo te quitara o como actuara y no creo que sea una cosa buena la que te mande si tu acto fue totalmente cruel, pero eso si todos tenemos una segunda oportunidad para cambiar y pedir perdón que es un valor maravilloso que liberara toda la culpa reprimida pues el pedir perdón es lo que hace que te des cuenta que te equivocaste, que hiciste algo aberrante entonces al aplicar esa compensación el universo te equilibrara pero es solo entonces cuando hayas aceptado tu error y el pedir perdón hace que cada uno de nosotros seamos llamados dignamente Sayayins, si estas pasando por esta situación en la que tienes que pedir perdón a alguien o a muchas personas y estás leyendo esto considéralo como una señal, tu segunda oportunidad está llamando a tu puerta, no hay personas malas solo hay personas heridas, entonces sana tu corazón libera ese dolor que es culpa con el perdón no hay que herir a los que tenemos al lado hay que siempre recordar la ley de las consecuencias que nos puede pasar pero no hay que hacerlo con miedo, si no en realidad abrir el corazón y la conciencia y de esta manera ir evolucionando.

Ahora si fíjate bien cómo es posible que el amor quebranta la ira, y por lo tanto, la conciencia, en donde la energía negativa pasa a ser positiva y tiende a haber un equilibrio tan asombroso que impacta cada parte de lo que somos.

Vamos a suponer que tú vas caminando por la calle y de pronto te topas con un drogadicto y también a la vez un vagabundo, comúnmente a estas personas son cruelmente discriminadas por culpa de los estereotipos o el punto de vista que tenemos en la sociedad acerca de este tipo de seres en donde lo único que les hace falta es amor.

Muchas personas cuando las ven simplemente las dejan pasar desapercibidas, otras hasta les tienen asco y repudio, otras miedo y otras hasta las agraden, pero ¿Qué pasaría si por esa calle que tu vas y cuando te las topas les ofreces una simple sonrisa, un simple saludo diciéndoles "hola"?, incluso aquel vagabundo que busca hasta una manzana podrida en el basurero porque tiene hambre, ¿Porque no invitarlo a comer?, me han dicho mis papas y conocidos que si hago eso se condicionan a hacerlo, por eso vuelvo a hacer énfasis en lo del equilibrio no aprovecharte ni dejar que se aprovechen de ti por supuesto, además de eso también me dicen que porque no trabajan, y en cierta manera tienen razón en el sentido de que quizá el vagabundo está sano, pero no se percatan y se dan cuenta de algo muy importante, en la mayoría de los lugares de la sociedad donde dan trabajo todos piden excelente presentación y que tengan mucha experiencia ¿Qué puede hacer el vagabundo con esto? Véanlo bien, analicen bien, que pasa si un vagabundo sin hogar llega a cualquier empresa o lugar a pedir trabajo, sin buena presentación y quizá sin experiencia, sinceramente hay muy poca probabilidad de que se lo den, porque por ser un pobre vagabundo todos lo tacharían de incapaz de poder realizar algo, donde creen que lo único que vale es lo de afuera, aquel, aquella que tiene una buena presentación y es licenciado o ingeniero en algo que por el solo hecho de tener un título, un simple papel que solo sirve en la sociedad piensan que son inteligentes, no se dan cuenta que la inteligencia no es nada sin la sabiduría, porque la sabiduría es amor y si no se tiene amor pues discúlpame que te lo diga amigo mío, si no tienes amor no tienes nada, y si no aprendes a sembrar la semilla del amor no podrás entender lo más maravilloso que tiene la vida, aquel que no tiene amor está más pobre que el mas desdichado de los vagabundos que hay alrededor del mundo, ¿Cómo puede un vagabundo tener una oportunidad en la sociedad de esta manera? !¿Cómo?¡, si la misma sociedad le niega la oportunidad, quizá con mucho esfuerzo esta persona, porque también es una persona, hizo un esfuerzo por progresar pero desgraciadamente la sociedad no lo dejo.

Observa con atención cuando le emanas amor a ese tipo de personas, ve lo que pasa, ellos tienen sed de amor, ¿Tu porque crees que hay tanta violencia, tantos violadores, tantos que matan? y te preguntas ¿Por qué? todavía, pues todo esto es porque simplemente les falta amor, todas esas personas agresivas lo único que necesitan es amor, y si todos amaramos toda esta destrucción que hay en el mundo se acabaría, si todo el mundo ama, aniquilaríamos toda la energía negativa y recuperaríamos todo nuestro poder y potencial que deberíamos de tener como Sayayins.

Fíjate bien, aplícalo para que tú mismo lo compruebes, cuando alguien nos ataca y nos dice cosas feas y hasta nos quieren golpear, ¿Cómo reaccionarias? Obviamente te vas a defender pues no vas a dejar que ataquen tu integridad como ser, tu dignidad, muchas personas reaccionan de la misma manera, con golpes, con agresiones, y esto pasa simplemente por ignorancia, esto pasa porque se encuentran en un total dilema tan frustrante que no saben qué hacer y como no se quieren sentir inferiores reaccionan de manera agresiva, ¿Pero después que pasa?, muchos tienen cargo de conciencia por como reaccionaron o hirieron a el otro que los lastimo, ¿Y porque ese cargo de conciencia? pues es porque nuestra naturaleza no es destructora y nos está indicando que hicimos mal.

Muchos dirán ¿Entonces qué hago aquí es comer o ser comido?, pues es muy simple, tan sencillo como tener equilibrio y nada más, el equilibrio como dije es lo que dará armonía a todo ¿Y cómo obtienes este equilibrio?, pues con amor, porque el amor impacta la conciencia por eso el Sayayin es "un ser consciente".

Aplícalo veras como no te estoy mintiendo, cuando alguien te ataca no respondas de la misma manera y tampoco le seas indiferente, simplemente emánale amor, no es fácil al principio porque el tonto ego dice !no porque si él me hizo aquello o lo otro tiene que pagar¡

¡me voy a vengar de ese estúpido¡ cuando sientas eso no le hagas caso la venganza y el odio no son para un Sayayin, no son para nadie porque este tipo de emociones negativas pudren el espíritu y hacen demasiado daño.

Simplemente emánale amor y ve lo que pasa cuando reaccionas de una manera noble, en ese momento la ira que te esta emanando se quebranta por completo e impacta la conciencia de la persona que te está agrediendo, velo en su cara, lo veras como en una actitud confundida pero simplemente es su conciencia que le está indicando que se detenga porque la conciencia es puro amor y entonces en ese momento la ira desaparece y esto sucede por la sencilla razón que la naturaleza no te ataca si no la atacas, no te vas a dejar de personas que te atacan, se actúa de una manera sabía dónde te pones firme y a la vez eres noble.

Quiero dejar algo muy claro, no quiero que te pase lo que a mí, el amar no significa que reprimas las emociones negativas por el solo hecho de pensar que si las sacas a relucir estará mal, no caigas en el perfeccionismo, hasta los errores son parte de la misma perfección, el reprimirse emociones es una aberración con nuestro propio ser en donde lo único que conseguiremos es una catarsis, seremos un volcán en erupción que en cualquier momento puede estallar, toda la ira que sentimos, ese enojo ese odio tiene que salir porque son cosas naturales que nos pasan, por eso hace daño si tratamos de detenerlas, si tienen que salir para que luego tiendan a calmarse, obviamente para eso hay que darle un alto a ese círculo vicioso de emociones negativas, ¿Y cómo se para este círculo insoportable?, tratando de ver todo como un aprendizaje donde si nos equivocamos, saber que la próxima vez que nos ocurra lo mismo actuaremos de una menara más inteligente y sabia.

Hay una cosa terrible que el humano Ozháru posee, a lo que me refiero es a que el hombre bestial Ozháru no comprende la verdadera belleza y a causa de eso a ocurrido un fenómeno que es un demonio para la salud psíquica estable de las personas que es el rechazo que es precisamente como lo mencione en el rasismo.

Comprender la verdadera belleza es algo que se ha perdido desgraciadamente, la mayoría de las personas se basan en lo material y en la forma física, en la forma de vestir, en el dinero que posee cada uno, por ejemplo en lo que digo de ver la belleza en la forma física del cuerpo ya este pensamiento tan bestial a ocasionado muchos divorcios entre las parejas, también a ocasionado mucha pedofilia, es decir, muchos dejan a sus esposas o esposos por algo enserio sin sentido, muy triste veo las respuestas tan entupidas que tienen diciendo que la ha dejado por otra mas joven porque se volvió una mujer gorda o una mujer vieja, el cuerpo envejece a lo largo de los años, y si, desgraciadamente se ha tenido una muy mala alimentación que hace que se tenga obesidad, pero eso no significa la belleza verdadera.

La belleza surge como una chispa divina que resplandece desde tu interior, desde lo más potencial de nuestro ser espiritual, es el látigo de la conciencia de cada uno de nosotros, pues es lo que contiene amor, por eso la belleza contiene lo verdadero, porque el amor es lo que inspira un poeta, porque con el amor vamos a poder tocar la inmensidad, con el amor todo es posible hasta brillar más para alcanzar la luz que te transformara en un nuevo ser, con el amor siempre se ganara.

El amor hará que se tenga fe en todo lo que se hace pues la luz siempre la tendrá y todo lo que desees siempre lo obtendrás, con el amor de la belleza veras que podrás lograrlo todo.

Refiriéndome a la pedofilia hay una aprovechamiento en la debilidad mental de las jóvenes, a esa edad se está en pleno desarrollo pero en muchos casos tanto los hombres como las mujeres ya no existe el respeto por los semejantes, se avergüenzan de los que en realidad los apoyan, se avergüenzan y se burlan, normalmente suele ocurrir que cuando una persona crea más de una familia hace lo que se le da su regalada gana mientras se tiene juventud pero cuando envejece viene con la cola entre las patas diciendo esto de una manera vulgar, es entonces que ya no viendo la salida empieza a ver aquello que debió ver desde el principio, se empiezan a arrepentir cuando ya es demasiado tarde, cuando han hecho mucho daño y cuando ven que no hay nadie ahí para apoyarlo y es ahí donde se acuerda de aquella esposa, aquella hija que siempre apoyo a esa persona y siempre la rechazo, porque fue entonces hasta el final cuando vio la verdadera belleza, aquello que en realidad valía, así pasa también con las parejas en donde bien la mujer o el hombre pueden tenerle todo el respeto a su pareja pero en el cual su cónyuge hace todo lo contrario, y no es hasta que cuando se separan que se dan cuenta de lo valioso que tenia entre sus manos, un apoyo real y un profundo respeto pero que desgraciadamente se mente bestial ozharu se fue por algo sumamente superficial, totalmente animalesco y no se dan cuenta que el cuerpo envejece al paso de los años, se desgasta y así es mientras no descubramos el elixir de la juventud eterna, muchos estúpidamente en su torpeza e ignorancia dicen reemplazar al paso de los años pues jóvenes hay muchos y son estas personas las más vulnerables al sufrimiento pues todo aquello que se hace mal se pagara.

El cuerpo humano es el templo que cada uno posee, no debería usarse como vacas de condado para exhibirse, es algo totalmente banal, tu cuerpo y tu son algo único creado con mucho amor, el Sayayin respeta demasiado su cuerpo, tú tienes todo el potencial para poder comprender esto, si lo comprendes empezaras a atraer a ti cosas que en realidad valen y en tu vida sucederán cosas muy justas, si te equivocaste alguna vez haciendo esto, tienes la oportunidad de cambiar, no te dejes llevar por tus instintos salvajes, no te dejes manipular por ese Satán interno, hay muchas personas a las que simplemente les vale, esas personas están muy perdidas en el camino, tienen muchos miedos y mucha ignorancia aparte de mucho dolor.

SE VALE EQUIVOCARSE PERO NO ESTANCARSE, SE VALE FALLAR PERO NO DEJAR DE INTENTAR.

Se ha creído que quien viste y se ve mejor es el único que merece respeto, la frase "como te ven te tratan" suele pasar en la mayoría de los casos y es verdad, se han hecho varios experimentos sociales para determinar esto, y baya desagradable resultado de nuevo cayendo en tontos aspectos superficiales, por ejemplo en uno de esos tantos experimentos se puso a una modelo vestida de una manera no muy elegante que tenía supuestamente que hacer una encuesta por donde pasaban muchas personas, desgraciadamente cuando estaba vestida de esa manera nadie se paró para realizar la encuesta, despúes la modelo se vistió de una manera muy elegante, cuando se volvió a probar de esta manera el experimento hubo muchos quienes se detuvieron ¿te fijas que acto tan banal? ¿Te consideras una persona buena? ¿Quieres ser un racista discriminador o un Sayayin? Estas son las situaciones amigo que lo determinaran de lo contrario es un autoengaño, no importa cuántos libros hayas leído en tu vida si no lo aplicas desde tu corazón pues bien te puedes equivocar y estamos en todo el derecho de equivocarnos pero no estancarnos, luchar y luchar como un supersayayin hasta tener un pleno autocontrol de nosotros mismos pues nuestra mente fue condicionada de una manera falsa, nuestros pensamientos están programados por la oscuridad, tu puedes desprogramarlos y volverlos a reprogramar yo confió en ti amigo, sé que no tienes el corazón tan cruel porque nuestra naturaleza es de Sayayin, no te dejes más manipular, la verdadera belleza esta en tu corazón, está en el corazón de cada uno de nosotros, el cuerpo si debe de estar fuerte pero únicamente para estar saludable no para verlo de esa manera tan superficial, domina a la fuerza ozharu y conviértete en un supersayayin.

Cuando yo veía a Goku me encantaba porque no tenía esa morbosidad, estaba lleno de inocencia, de bondad y valentía, y quería ver alguien así pero tuve que entender que todos tienen su propio proceso de evolución y su propia vida, te muestro esto para que empieces a entender y a evolucionar si acaso es tu decisión querer hacerlo.

Un Sayayin se transforma con la ira, así como Goku, que era de corazón tranquilo se convirtió en súpersayayin con la ira, yo no podía entender cómo era posible esto, hasta que entendí que era algo natural y que para poder ser alguien mejor, se tiene que pasar por algo drástico y doloroso para poder evolucionar, pues a veces tenemos que pasar por algo sumamente doloroso para poder entender ¿Qué paso con Goku cuando se convirtió en supersayayin? se volvió sumamente poderoso pero antes tuvo que sufrir ataques de los monstro Freezer y fue el colmo cuando mato a su mejor amigo, fue la gota que derramo el vaso que hizo que se transformara en supersayayin, y fue entonces cuando Freezer agarro miedo ya que ese era su más grande temor, que el legendario súper Sayayin existiera y despertara, para su desgracia Goku era su más grande pesadilla.

Así es como estamos nosotros, somos la más grande pesadilla de la oscuridad, nos tienen miedo pues se alimentan de nosotros ¿Quiénes? los seres de la oscuridad, y lo único que tenemos que hacer es despertar nuestra conciencia para dejar atrás a ozharu y convertirnos en súper Sayayins, ¿Cuál será la gota que derrame el vaso para que esto ocurra? ¿Acaso una tercera guerra mundial? ¿O que un meteorito destructor venga a la tierra?, no señores, porque tiene que ser así, si lo único que tenemos que hacer es amar, ¿Acaso es tan difícil? o díganme una cosa ¿Quieren seguir siendo controlados y manipulados?, ¿Crees que no tenemos poderes como Goku? ¿Qué tan cerrada tienes la mente? solo porque te dijeron que el ser humano no puede volar, solo porque te dijeron que eso es fantasía y que solo ocurre en la televisión, y que lo aceptaste porque tenías miedo a que se burlaran de ti si creías algo más, nunca puedes dar nada por establecido, el conocimiento es ilimitado para todo lo que existe en el universo ¿Lees la Biblia? fíjate donde habla acerca de sansón y su increíble fuerza, fíjate donde hablan de gigantes, solo porque necesitas que algo divino te muestre la verdad, pues ahí está, velo, ahí está sansón con su increíble fuerza, ahí está establecido y hablando de la Biblia en Los Caballeros Del Zodiaco que también son un anime muestran mucha verdad, ahí sale la Biblia en uno de sus capítulos mostrando de cierta manera los hechos, si se considera que estos animes son demoníacos tal vez ahora si te puedas cuestionar al respecto pues puedes hacerte la pregunta ¿Por qué la Biblia sale en los caballeros del zodiaco? Si la Biblia de cierta manera nos habla psicológicamente de una manera metafórica, puedes empezar a ver al igual que yo que hay algo mas y que es totalmente sorprendente pues es injusto que la verdad este tan disfrazada a causa de no tener la comprensión necesaria.

Diciendo esto con relación a lo anterior, en una ocasión una compañera mía de la escuela que es cristiana me invito a un retiro de su iglesia, yo la verdad fui por compromiso con mi amiga, en ese retiro espiritual cristiano estaba uno de los pastores que lo iba a dirigir, ese pastor es muy famoso y venía desde Chile para dirigir el retiro, todo lo veía normal entre los cristianos en lo que hacen, donde aplauden, oran etc, pero luego el pastor de Chile empezó a hablar y decía cosas que había considerado serias, de pronto empezó a hablar de tres cielos y la verdad eso a mí se me hacía interesante, decía cosas del primer cielo, del segundo cielo y del tercer cielo, en eso el empezó a mencionar a seres que había en cada uno de esos lugares y entonces yo me interese más y más, no me fije muy bien del orden pero él dijo que en uno de los cielos era puro vació, y en otro había puros seres de luz de energía y de pronto menciono algo que me impacto, él dijo: _y entonces el ángel que me llevaba me mostró otros seres mientras subíamos_ eso decía ese pastor, dijo: _luego el ángel me dijo que observara_ yo lo escuchaba con mucha atención y mi amiga me vio y se sonrió, estaba clavada con lo que ese pastor decía y de pronto dijo: _cuando el ángel me detuvo en ese lugar para mostrarme a los seres que habitaban ahí_ en eso el pastor subió enérgicamente su voz y dijo: _!y ahí estaban esos seres¡, !ahí estaban los Thundercats, Los Caballeros Del Zodiaco¡_, en eso recibí un gran impacto en mi mente y se me revolvió el estómago, no sabía qué hacer, el pastor seguía hablando y lo repetía una y otra vez y él lo decía como una predicación _!ahí, ahí estaban yo los vi, había ángeles y demonios y alrededor de los ángeles estaban los Hundercats, los caballeros del zodiaco¡_ y menciono otros que no conocía, dijo otra vez: _ahí estaban luchando, era una batalla sorprendente_ yo grite de la emoción, a nadie de las personas que había ahí no se les hizo raro que yo gritara pues pensaban que lo hacía porque tenía al espíritu santo dentro, y obvio nunca se hubieran imaginado que gritaba de emoción por lo que contaba acerca de los Hundercats y los caballeros del zodiaco, el pastor no menciono a Goku, si lo hubiera hecho de seguro que me hubiera dado un shock nervioso, pero si sabía que ahí donde estaban esos seres podía estar Goku, la verdad agarre valor para preguntarle al pastor que si no había visto a Goku pero esa vez no pude pues él estaba demasiado ocupado y cuando lo fui a buscar después él ya se había regresado a

Chile, ya no pude hacer nada, por ultimo dijo el pastor: _entonces el ángel me dijo es tiempo de irnos y me regreso aquí_ poco después se terminó el retiro, yo de ahí salí perpleja, no podía asimilar lo que había pasado, parecía como si ese retiro estuviera especialmente hecho para mí, parecía que todo había sido intencional, no entendía nada, además con lo que dijo de esos seres Graciela me había dicho antes que las batallas entre la luz y la oscuridad son sorprendentes, ya con eso lo empecé a asimilar.

Hasta un pastor cristiano lo estableció, los cristianos ven a Dragón Ball y los caballeros del zodiaco como algo demoníaco, algo maligno, pero no se dan cuenta que lo ven completamente objetivo, no se dan cuenta que como puede que estén en lo correcto también pueden estar equivocados por una falsa interpretación de los hechos, luego dicen que ese tipo de caricaturas son malignas porque tienen mucha violencia y como dije antes, en eso tienen razón son demasiado violentas, pero ya con eso todos se asustan, no se permiten ver otra posibilidad, esa posibilidad de ver que quizá hay algo más oculto, algo que quizá pueda ayudar a la tierra en vez de destruirla, porque en vez de asustarse no se ponen a pensar que quizá nos están tratando de mostrar algo para que nosotros podamos avanzar, esto se tiene que ver de una manera abstracta no objetiva, yo no desperté odio ni rencor al ver a Goku sino absolutamente todo lo contrario, aprendí a amar de una manera inmensa a toda forma de vida, quizá a lo que se asusta mucha gente es a ver a los monstruos, los demonios que salen ahí en la caricatura y si tienen razón son muy feos y también son malignos pero fíjense que ahí están también los seres como Goku que luchan con esos monstruos, los seres que salvan siempre la tierra de ser destruida por esos demonios, quizá lo que vio ese pastor cuando dijo: _¡ahí, ahí estaban los ángeles y demonios luchando¡_ nadie sabe quién estaba de parte de quien, no podemos dar por hecho quienes estaban de parte de los ángeles y quienes de los demonios, esto es completamente subjetivo, solamente las personas en realidad ignorantes pueden dar por seguro un hecho de tal magnitud, no se sabe la verdad al cien por ciento y no podemos creer en todo lo que nos dicen porque si lo hacemos nos vamos a estancar y no vamos a poder seguir avanzando, si nos estancamos no podremos evolucionar y seguiremos estando en el hoyo y seguiremos sufriendo.

¿Te has preguntado porque antes los seres humanos vivían hasta setecientos o novecientos años? ¿O porque no volamos o tenemos la súper fuerza de sansón o Goku?, simple amigo, fue porque fuimos manipulados genéticamente para convertirnos en esclavos y manipularnos a su antojo, ¡hay que transformar nuestro ADN¡ esto es lo que a mí me decía Goku ¡ahí está todo tu poder escondido sácalo, recupéralo, no te rindas por favor¡ ahí se muestra a leguas cuando Goku se convierte en súper sayayin, antes inferior y después superior, su ADN se transforma ¿Porque crees que le cambian sus ojos y su cabello de color? porque su ADN se transforma, aniquila la cadena que tiene puesta, y eso es lo que tenemos que hacer, transformarnos,   solo nosotros tenemos la elección, tenemos nuestro libre albedrío y la fuerza para poderlo lograr, pero desgraciadamente estamos separados tenemos que unirnos para poder destruir la maldad, tenemos que luchar para destruir esas cadenas que nos detienen y que nos han detenido por miles y miles de años, el primer paso es muy difícil porque está el miedo, nos han inculcado miedo a todo y eso es lo que detiene y obstaculiza a nuestro ser.

TODOS CREAMOS NUESTRA PROPIA REALIDAD

El miedo es solo una ilusión de la mente, el miedo no existe, todo lo que nos pasa es creado por nosotros mismos, y si todo es creado por nosotros mismos, nosotros lo podemos cambiar, el miedo lo único que hace es paralizarnos, nos detiene a lograr lo que en verdad queremos y entre mas lo sentimos más lo condicionamos, por eso lo tenemos tan arraigado en nuestro ser, nos lo insertaron y arraigaron tratándonos como un ganado para alimentarse de nosotros, ¿Ahora entiendes la crueldad de los rastros donde matan a las vacas? ¿Te gustaría que te pasara lo que a la vaca? ¿Qué crees que siente la vaca cuando la están matando?!Siente miedo¡ y ese miedo que sintió la vaca cuando la estaban matando se lo están comiendo todas las personas que comen carne, porque como son !seres vivos¡ también sienten y experimentan dolor y al estar experimentando su triste destino de ser asesinado cruelmente por un ser humano desgraciadamente, pues todo ese miedo emana una energía muy negativa en donde al comer carne se pasa todo el miedo y dolor del animal hacia la persona que se lo está comiendo, y es por eso que muchas veces además de otras cosas más se torna demasiado difícil poder transmutar o superar el miedo, ese sentimiento tan abrumador que lo único que hace es apagar todo el potencial que tenemos, por eso siempre el miedo es algo que muchas veces no podemos controlar, pero ¿Acaso te gustaría seguir torturándote con el miedo?, el que te lo digan por primera vez no hará que mágicamente se te arranque en un segundo y menos si has pasado tu vida entera con ese temor que carcome hasta las entrañas, no hay magia y nada cae del cielo, si eso fuera no estaríamos en este plano ya seriamos algo perfecto, no habría razón de porque estar aquí pues aquí se viene a aprender y a enfrentar esos miedos que nos detienen pues es una de los aspectos que nos hace evolucionar, muchas personas buscan desesperadamente ayuda y quieren una solución inmediata que parezca un hechizo que deshaga todos sus males pero aun yendo con el mas sabio de los sabios nos hará pasar por un proceso en el cual tenemos que aplicar nuestras habilidades de Sayayin, el que te digan que de un día a otro te lo puede arrancar, ese día que estés con esa persona o te pone una técnica demasiado exhaustiva y escalofriante o sencillamente te estará estafando como los muchos charlatanes que hay alrededor del mundo aprovechándose de la desesperación de la gente solo para hacerse ricos o famosos.

El miedo, si, a veces es bueno, en el sentido de verlo como algo que nos protege obviamente tampoco hay que ser estúpidos, no por decir que no tengo miedo voy andar arriesgándome a cosas que se de antemano por lógica que me van a lastimar, pero eso no es miedo más bien es prudencia, es decir, bien se sabe que hay dos tipos de estrés donde uno es bueno y el otro es malo, el que es bueno es el que nos permite estar alerta, atentos a no permitir que algo nos dañe, este, es el que posee el valor para defender lo justo, nos protege, yo más bien me refiero al tipo de estrés que es malo que básicamente es una ramificación del miedo y que ocurre por puras tonterías que no tienen sentido, donde la mente crea una historia, una película falsa y que al verla, la está viviendo como si esta fuese verdad y por lo tanto esta emanando los sentimientos de miedo que la película posee y que al final estúpidamente toda esa preocupación fue en vano pues nada de lo que se imaginó en su propia historia fue verdad, lo único que se logra es desgastarse torpemente, tal es el caso de todas las mamas que se preocupan por lo que les pase a sus hijos, obviamente todas las mamas aman a sus hijos, pues si no lo hicieran serian cobardes, por supuesto que el amor tiene que estar primero en todo, pero no se puede evadir la realidad tal como es, cuando un hijo anda lejos, al igual que todos nosotros en cualquier momento puede ocurrir algo, sea bueno o malo, y no podemos hacer nada para remediarlo a menos de que nos volvamos consientes, para esa mama donde el hijo se fue de vacaciones, probablemente se preocupe por lo que le pueda pasar y entonces creara una historia falsa en su mente donde se imagina miles de cosas que le pudiesen pasar a su hijo y que al final lo único que conseguirá es enfermarse, porque no es consciente de que todo ser humano es vulnerable a que le pase algo en cualquier lado y en cualquier lugar y que es causa del universo o del destino que eso ocurra, por eso preocuparse siempre será en vano, porque lo que va a pasar pasara y básicamente todo ese temor a que a alguien le pase algo incluso a nosotros mismos es el temor de morir o de que un ser querido muera, es lógico y evidente que esto lastimaría demasiado y nos veremos obligados a pasar por un duelo fuerte para poderlo superar pues somos humanos y sentimos, pero a causa de este temor latente, siempre la mente andará creando historias que la mayoría de las veces son falsas, en el caso de perder un ser querido, tenemos que pasar por ese duelo para poder sanar pues es algo natural, pero en el caso de cosas laborales, amorosas y sociales es estúpido adelantar el futuro y andar viviendo con miedo en el futuro, pero en cualquiera que sea de los casos no se puede hacer nada, lo único que podemos hacer es enfrentarlo todo como venga, sea lo que sea, esas historias falsas las creamos porque queremos evadir la realidad tal como es, queremos huir de la realidad, y eso produce mucho estrés del que es dañino, se dice que lo que no te mata te hace más fuerte y de hecho de eso se trata ser un Sayayin, hasta el personaje de a Akira, Vegueta lo decía: _cuando un Sayayin pelea y está a punto de morir y se levanta se hace más fuerte y adquiere mucho más poder_ pero acaso ¿Quieres seguir teniendo miedo? yo creo que no, pero el aniquilarlo no es nada fácil, y no cae del cielo la respuesta, y como esto no es fácil todos tienden a rendirse al primer intento y siguen en el hoyo en que se encuentran, se supone que somos Sayayin y tenemos sangre guerrera y mucho poder, ¿Porque rendirnos al primer intento? ¿Porque dejar que se sigan alimentando de nosotros? ¿A caso te gusta? porque si ese es el caso, no hay nada que hacer, si ese es el caso pues te gusta el dolor y la crueldad, si acaso te gusta has perdido todo el respeto y la dignidad que tienes como ser humano y nunca alcanzaras la integridad como persona, eso no es digno de un

Sayayin, porque el Sayayin es puro amor y no permite las injusticias ni la maldad.

Esto es sumamente muy importante pues hay una cosa que muchas personas han perdido "su dignidad" ya no se ha sabido cómo responder ante una persona que se torna a ser agresiva, que su ego inflado no le permite razonar como es debido, donde solo quiere ganar pues eso alimenta su ego y se siente algo muy grande, no se ha llegado a comprender que en realidad la inferioridad no existe y que hacer menos a otra persona son rasgos de alguien salvaje que juzga, que se ríe de los demás.

El que las personas peleen ante un problema se podrían ya mostrar como seres neandertales, no entienden que esa época ya paso, que ahora podemos hablar y razonar , para defender los problemas con diálogos estables y precisos en los cuales los impulsos salvajes se disuelven por eso estamos como estamos.

Tenemos que aprender a controlar la irracionalidad de la mente, es como una fobia digamos alguien que le tiene pavor a las arañas, es algo totalmente condicionado en la mente del que lo tiene que lo fue forjando a causa de algo, a tal grado hemos llegado de tenerle miedo a una arañita miniatura que no nos puede hacer absolutamente nada si la vemos y no la tocamos, ejemplo básico para especificar que la mente humana se ha quedado totalmente vulnerable mas que a un adiestramiento de un animal pues nos han podido manejar a su antojo, tan vulnerable a ataques psíquicos, tan vulnerable a mensajes subliminales que los hay a todo nuestro alrededor pudriéndonos mas y más el cerebro y de esta manera atándonos de manos y pies, tal vez te preguntes ¿pero qué hago no sé cómo? Por eso te digo que te conviertas en un buscador de tu verdad, en un guerrero valiente y noble como Goku pues el hacer esto nos dará mucho conocimiento y el conocimiento es poder, pues es aquí donde se aprenden muchas armas con las cuales te puedes defender en tu camino de esta vida, es lo que iras forjando en tu espíritu y te digo esto porque se nos dio libre albedrío en el cual podemos forjarnos para el bien o para el mal pero el bien es de donde salió todo es la fuente divina que es puro amor.

Como nos ven como unas simples langostas, pues nos ven débiles porque así nos han hecho quitándonos todo nuestro poder, la oscuridad nos ha subestimado demasiado y nos ha hecho creer que no valemos nada, que no somos nada, pero eso es completamente falso, pero en ti esta la decisión, en ti esta la solución si quieres intentarlo o no, más sabiendo esto no te quejes cuando ocurra algo desagradable en tu vida, el adquirir sabiduría no quiere decir que vayas a recostarte en un algodón de dulce gigante, la sabiduría te hará ver desde otra perspectiva los hechos macabros que experimentamos o vemos, es pues la sabiduría quien nos hará actuar de una manera más razonable a lo que ocurre adquiriendo como primera herramienta el equilibrio en el cual ante esa situación tosca no quedemos dañados ni ocasionar algo desastroso, pues es aquí donde si no hacemos esto se nos nublara la mente de una manera que no nos permitirá ver absolutamente nada y nos haremos trizas poco a poco o tajantemente y eso obvio eso es lo que hay que intentar evitar.

Todos me dicen, que como es posible que pueda ver esto de esta manera si es una caricatura nada más, yo les contesto que no lo sé, pero que si estoy consciente que si su objetivo era crear más delincuentes, más gente agresiva o más maldad, también se pudo haber creado un ser valiente que lucha contra toda la injusticia, en mi caso me atrevo a decir con plena seguridad que lo que consiguieron en mi es despertar el amor incondicional que todos poseemos, pero si puedo decir que es una manera muy peligrosa de aprender porque esto me pudo haber destruido.

A mí me atrapo entre sus telarañas prácticamente desde que nací, llego a tal grado de creer que Goku existía y buscarlo, llegue es a establecer como mi único objetivo querer evolucionar y esto hizo que tuviera muchas subidas y bajadas de conciencia, cada subida y bajada era en un nivel tan alto en donde cuando estaba abajo me iba a un hoyo tan profundo, a un abismo que parecía interminable donde me hacía tener pensamientos suicidas y cuando estaba en lo alto me hacía ver la belleza de todo lo que veía, donde sentía tanta paz y adquiría una comprensión increíble que me hacía entender todo con sabiduría que sinceramente no sabía de dónde me emanaba, cuando estaba en la parte de abajo no podía entender cómo recuperar ese grandioso sentimiento de cuando estaba arriba, sentía como si fuese un yoyo, no entendía que cuando los pensamientos cambian, también cambian las emociones y con ello la conducta, no entendía que mi sistema límbico estaba activándose y con el mi glándula pineal, solo sentía los terribles síntomas del cambio que conllevan todas las transformaciones, donde todo se reestructura, se re modifica y se re moldea, y lo que más trabajo me costaba entender era que todo esto me pasaba por una caricatura, yo en aquel entonces no lo sabía, entonces me di cuenta que desde que nací vine con todas las herramientas necesarias, que solo hay que desarrollarlas para poderlas utilizar a su máximo potencial, cada vez me decían que me faltaba mucho por aprender, al menos sobrepase lo cotidiano que me abrió la puerta a lo que sí es el verdadero conocimiento.

CAPITULO VII

MI EVOLUCIÓN

Me di cuenta que estamos solo a un pensamiento de poder cambiarlo todo, solo un pensamiento basta para poder cambiar tu vida, parecía que estaba en un puente tambaleante donde de un lado había un desierto salvaje lleno de peligros que me hacen daño y que del otro lado era un paisaje hermoso lleno de montañas cascadas y bellos animales, un lugar lleno de armonía, pero me sentía en medio de ese puente tambaleante donde me hacia dar pasos hacia atrás y hacia adelante y cada uno de esos pasos era sumamente importante para mí, cada uno de esos pasos marcaba algo, si daba un paso hacia atrás, sabía que era probable que regresara al desierto salvaje lleno de peligros y si daba un paso hacia delante sabía que puedo avanzar a aquel hermoso paisaje que veía, obviamente yo quería pasar a donde estaba el hermoso paisaje, pero mediante avanzaba el puente tambaleante tenía que forzarme a !tener más equilibrio con migo misma¡ si no, era imposible poder avanzar, aparte de que cuando daba un paso hacia atrás no solamente era el paso lo que me hacia retroceder sino que además había otra fuerza maligna que me jalaba, y que con esa fuerza maligna tenía que luchar con todas mis fuerzas porque no iba a lograr pasar del otro lado del puente donde estaba el paisaje, aparte de eso, me iba arrasar y acorralar en sus redes crueles. Sabía que tenía que convertirme en un cazador y así lo hice, al principio era muy difícil pero cuando una cosa se hace tan seguido, diario de todos los días, se vuelve automático, se condiciona, fue ahí cuando me di cuenta que si en verdad lo intentamos se pude lograr, solo no tenemos que rendirnos.

La gente me decía que como era posible que creyera que Goku existe si es una caricatura, un dibujo en un papel proyectado en una maquina llamada televisión, yo les contestaba que se sentía como una seguridad que no puedo explicar, no buscaba al personaje dibujado en un papel por supuesto, mucha gente me malentiende de esa manera tan literal de verlo, yo buscaba en si la esencia de lo que es, solo les contestaba que era algo que no sé de dónde viene, que solo se sabe y se siente, yo les decía: _así como tú crees en Dios ¿Cómo puedes creer en dios si nunca lo has visto?_ ellos me respondían: _es que eso es diferente_ yo les contestaba que se trataba exactamente de lo mismo, para esto me decían: _¿Entonces tu vez a Goku como tu Dios?_ y esta pregunta me molestaba en serio, en donde les respondía con un rotundo !no¡ no porque de eso no se trata Dios, Dios no se puede comparar con nada, y no puedo ver a Goku como un Dios porque entonces le estaría dando mi poder a Goku y mi poder solo me pertenece a mí porque como soy parte de Dios soy parte única, y me preguntaba la gente ¿Entonces cómo?, yo les respondía que Goku es como mi maestro, alguien que me enseño algo muy importante, alguien que me mostró una salida para poder ser mejor, como una especie de guía que poco a poco me inserto el arquetipo de guerrero, de un guerrero invencible de alguien que en realidad valora las cosas más valiosas que existen en la vida y en el corazón.

La tele pudre el cerebro, altera tus emociones, está hecha para destruir nuestro potencial, está llena de porquerías subliminales en donde tu inconsciente se confunde provocándote para que hagas cosas estúpidas, como ya fue creada la televisión a veces es utilizada para algo sano y bueno, pero se tiene que estar despierto para podernos dar cuenta en donde está el mal, si no fuera porque mi parte natural, mi conciencia siempre me indico que es lo que está bien y que es lo que está mal, de seguro no te podría contar esto ya hubiese muerto si me hubiese rendido, si no hubiese visto a Goku como alguien bueno, si no lo hubiese visto como mi guía, el mundo cruel en donde nos encontramos me hubiese comido viva.

La tele hipnotiza a tal grado de sugestionar a las personas en maneras extremas, y los niños son los más propensos a pasar por algo muy grave, por eso actualmente el sexo no se a podido controlar, por eso hay tanta pornografía y se ha ido a un nivel tan alto y tan triste y en realidad desilusionador que ha llegado a los niños pervirtiéndoles sus mentes inocentes eso si ya es en realidad ridículo, muchos niños ya son violados a causa de esto pues en el mundo como lo había mencionado antes la pedofilia es exageradamente alta en porcentajes, la pedofilia sale del lado bestial del humano aunque en el ocultismo hacer esto da muchísimo poder, y esto sucede porque la inocencia es algo increíblemente hermoso, cada vez que yo me topo con alguien inocente no lo dejo ir, enserio ya son muy pocas las personas que la poseen, por ejemplo las mujeres que son vírgenes tienen mucho poder un poder totalmente puro, en el ocultismo muchas de las cosas que hacen tienen que ver con los que son vírgenes, y esto es un tema en realidad serio.

Conéctate con tu niño interior es algo que si te libera, muchas personas ya no se acuerdan de cómo es su niño interior porque fue demasiado lastimado, la vida es así en este plano, es así de cruel y menos cuando no hay quienes quieren entender, se aferran de una manera machista diciendo ¡yo soy así y si te parece si no me da igual! y en cierta manera tiene razón pues debemos ser nosotros mismos, no me refiero a que cambie su manera de ser, si no en la manera de herir a causa de su distracción de su ego inflado.

Convivir con personas que lo único que quieren es manipular es algo abrumador y agotador, las defensas del sistema inmunológico bajan demasiado dejándonos muy propensos a adquirir un virus o una bacteria que afectarían mucho nuestra salud, por eso muchas personas no lo soportan, porque el ser está conectado en todas sus fases y en todas sus facetas, que luego al final muchos se preguntan ¿entonces qué caso tiene estar aquí? esto llega al grado de no querer ya estar aquí, no se le haya sentido a convivir con los demás y es por eso que tenemos que aprender a conectarnos con nosotros mismos, a sintonizarnos con los demás y a conectarnos con nuestra fuente divina, quizá muchos de los que estén leyendo esto vean esto en chino pero por eso les digo que se conviertan en buscadores de su propia verdad.

Mediante Graciela me decía cosas para ir asimilando poco a poco, ya me estaba desesperando porque por más que hacia cosas para poder avanzar, pensaba que no estaba avanzando mucho, a veces creía que iba a ser imposible llegar a mi objetivo sentía que todo corría tan lento yo también quería que la solución me cayese del cielo, quería de estar gateando mucho tiempo pasar a volar, y mas porque yo no podía ver algo que me lo dijera tan seguro como es debido.

Muchas veces le insistí a Graciela que me dijera dónde estaba Goku pero ella no me lo decía, le decía: _que más tengo que hacer, esto es estúpido ya no sé por dónde seguir_, ella no podía en ese momento decirme nada, llego el momento en que de verdad me fastidie yo había elegido ese camino y tenía que enfrentarme a esas consecuencias que me ocasionaron un fastidio de lo que yo hacía en la vida cotidiana.

Para poder sacar cada cosa mala que había en mí, cualquier estupidez, cualquier miedo, complejo, apego que tuviera lo escribí en un cuaderno numerándolos uno por uno, llene a aproximadamente siete hojas por los dos lados, siete hojas se veía fácil, pero no fue nada sencillo, una por una, cosa por cosa las fui aniquilando, y cada situación era una batalla inmensa que al final de cuentas me iba cansando demasiado a manera de ocasionarme una apatía inconsciente pero todavía podía resistir.

Por ahí dicen que Dios aprieta pero no ahorca, no te deja caer, tienes el camino por recorrer, lo que te voy a contar a continuación es la prueba totalmente refutada de hasta dónde puede ser capaz un ser humano de llegar con el afán de saber la verdad que es sorprendente, esto prueba que todos los sueños se pueden hacer realidad, así que ten cuidado con lo que pides y piensas porque es totalmente real y esta es la prueba más te estoy solo dejando el mensaje, nunca dejes de soñar, atrévete a hacer todo lo que tu desees bueno, libérate de todo lo que te detiene, evoluciona, pues puede ser que lo que te topes sea lo mejor que hayas visto en tu vida, por más incongruente que parezca lo que desees, por más estúpido que suene aunque se rían de ti inténtalo porque puedes llevarte la sorpresa de que sea verdad lo que estas pidiendo, para la mente no hay limitaciones y hay algo muy importante que debes tener en cuenta "todo el universo es mental" quien comprenda esto como lo plasma el libro Kibalión tiene la llave para entrar al reino de lo intangible, de lo que se cree como desconocido o como lo que muchos han creído como imposible, te vuelvo a repetir que el poder que tiene la mente es ilimitado, si aprendemos a equilibrar el consciente con el inconsciente al igual que equilibrar los dos hemisferios   nos permitirá salir de muchos problemas y empezar a comprender cosas como las que te plasmo a continuación.

CAPITULO VIII

LOS SERES EXTRATERRESTRES DE LÚZ

"ERLAIN Y MARIELA"

Ya no sabía que más hacer, Graciela no podía decirme nada porque lo tenía prohibido, cuando buscaba y buscaba, encontré una técnica de energía sanadora que me llamo mucho la atención que se llama "reconexión" y me decidí aprenderla, entonces fui al lugar donde la enseñaban, cuando llegue a ese lugar salió un hombre que parecía tener 35 años, su nombre es Erlain, entonces lo salude y le pregunte que si él era quien enseñaba la reconexión, el me respondió que sí, después le dije que por favor me diera el costo y que me dijera cuando podía enseñarme y me dio la fecha para quince días después, luego llegándose la fecha acordada fui a aprender la técnica, mientras él me enseñaba me veía mucho, yo dije a de ser como todos los muchachos volados que hay, pero me veía de una manera diferente, yo la verdad me sentía incomoda, luego el me agarraba y me besaba pero él lo hacia delante de mis papas, dure dos días en aprender la técnica, cuando ya era el final me despedí de Erlain diciéndole que muchas gracias por todo, y entonces me fui a mi casa, el me mandaba mensajes para ver cómo iba avanzando en mi practica con la técnica y yo le contestaba que iba muy bien, así pasaron algunos días hasta que un día determinado alguien toca la puerta de mi casa y cuando abrí me lleve una gran sorpresa pues era Erlain que me dice muy alegre _hola_ luego lo invite a pasar, la verdad a mí se me hacía muy extraño que el viniera a mi casa, lo primero que me paso por la mente fue que él era un depravado pervertido, la típica mente tonta que hace prejuicios y que inventa historias sin sentido, obviamente yo le pregunte qué porque había venido a mi casa y entonces él me respondió _he venido por ti personalmente porque quiero que conozcas a alguien_ luego replicándole exclame _!yo¡ ¿pero yo porque?_ Pregunte, luego él me dijo: _si mira, te diré algo muy importante y quiero que lo tomes de la manera más sabia que puedas en este momento_.

En esos días ya había medio asimilado lo que Graciela me había revelado, tenía al menos una idea de lo que me iba a pasar si recibía otro impacto en mi mente, por ahí dicen que de tanto que caes aprendes a como caer.

Entonces le respondí a Erlain: _claro que si lo intentare_ luego el prosiguió diciéndome: _pon mucha atención_ me dijo: _yo no soy humano_ cuando me dijo eso yo pegue un salto y di un grito diciéndole !que¡ _si_ me dijo _cálmate, mira, yo soy de un planeta llamado UMMO y estoy aquí como una extensión en este cuerpo humano_, fue ahí donde recibí otro impacto en mi mente que tuve que acumular a lo otro que aún no asimilaba bien, luego yo le dije que me explicara más fue entonces cuando él me dijo: _vengo por ti porque quiero que seas mi discípula_ di otro brinco y otro grito, no podía calmarme de la emoción, a mí lo primero que se me vino a la mente fue si era verdad lo que me decía y se lo dije directamente que si no me estaba tomando el pelo, es decir siempre creí en eso pero no me iba a arriesgar a que algo malo me pasara por supuesto, menos como se encuentra actualmente el mundo.

Yo daba saltos de alegría porque yo siempre quise un maestro que me guiara con el corazón, alguien sincero y sabio que ayudara con la verdad, siempre busque y rebusque pero como no llego nadie tiempo atrás lo que hice fue tomar a la caricatura como tal, luego él me dijo: _no tienes de que preocuparte_ después de unos momentos de intensa emoción lo que enseguida pensé y me preguntaba a mí misma ¿el será Goku? y después en toda esa confusión me decía !él es¡, !él es¡, pero luego volvía a dudar, entonces le pregunte qué porque quería que fuera su discípula, él no me quiso contestar y en vez de eso me dijo: _sabias que todos tenemos un enorme potencial_ y yo le respondí: _si claro yo soy un Sayayin_, cuando le dije eso él sonrió y me dijo: _necesito que vengas con migo_, yo le dije con un revoltijo de mis emociones: _¿a dónde me vas a llevar?_ él respondió: _a mi casa_ yo le replique: _ !a tu casa¡ _ _si_ dijo, le dije: _pero mis papas no estarán de acuerdo_, dijo: _no te preocupes_ entonces le pregunte _¿y a que me vas a llevar?_ el me respondió: _ya te dije que quiero que seas mi discípula, además como te dije anteriormente quiero que conozcas a alguien_ entonces le dije: _¿y puedo saber quién es y cómo se llama?_ _Si_ dijo: _ella se llama Mariela_ y entonces le pregunte: _¿y por qué quieres presentármela?_ me dijo: _ella tampoco es humana es de un lugar que está más allá de Orión, pues en ese momento otro impacto más hacia mi mente, otra vez me volvieron a desestructurar mi mente y daba saltos gritos, lloraba y de todo tenía revuelto porque aparte de eso sabía que ellos podían decirme donde esta Goku, cuando le dije a mis papas que iba ir a la casa de Erlain ellos me dijeron a solas una historia inventada por sus mentes, me decían, _!no, cómo crees, no lo conocemos, te puede violar, te puede hasta matar¡_ y un sinfín de cosas que pues si tenían razón porque no lo conocía más que los dos días que me enseño la técnica sanadora, incluso si llegue a creer lo que mis papas me decían ya que era muy razonable, dije pueda que tengan razón pues actualmente hay mucha maldad en el mundo, y de nuevo aquella voz que me grita en mi interior desde siempre me

PARA LOGRAR LO IMPOSIBLE TIENES QUE IR MÁS ALLÁ DE LO POSIBLE

dijo _!no te detengas¡ !no tengas miedo si no lo intentas nunca podrás avanzar, un guerrero jamás se rinde, no se da por vencido tan fácil¡ si no lo intento no más por miedo siempre seré manipulada pensaba, me encontraba en uno de los tantos dilemas en los que siempre me encontré, tenía miedo claro que si tenía miedo, pero yo tenía que decidir si ir o no ir con Erláin, si no iba sabía que me iba quedar esa duda inmensa de estarme preguntando _¿y si hubiese sido verdad lo que Erláin me decía?_ y que me iba a perder una oportunidad sorprendente además que por supuesto iba a saber lo de Goku que como siempre fue lo que me dio valor, gritaba llena de alegría por dentro y en esos gritos de alegría internos decía !ellos saben dónde está Goku¡, !ellos lo saben¡, por supuesto también pensaba que podría ser criminal tratando de que cayera en su juego donde se ponía en juego mi vida, sinceramente lo digo con todo lo que soy, nunca dejen de creer en sus sueños se los vuelvo a insistir, es increíble hasta donde puede ser capaz un ser humano de luchar por su ideal, parece estúpido y tal vez lo sea pero se arriesga hasta la propia existencia de quien lo desea con el fin de llegar a ver lo más fantástico de tu ideal que has adquirido, el que busca siempre encontrara y me atrevo a decirlo con plena seguridad porque yo busque siempre lo que parecía ser imposible, en realidad sí que es comprensible que todos lo vean como imposible y sabia conscientemente que para lograr lo imposible tenía que ir más allá de lo posible, llego un momento en el que con toda mi alegría combinada con mi frustración tome una decisión firme y tajante, y esa decisión la verdad no sé de donde me salió la voluntad para tomarla, porque fue drástica y fría, decidí arriesgarme a ir con Erláin aun sabiendo y estando consciente de que me podía equivocar, se los dije a mis papas directamente, _iré con Erláin y con todo respeto les dije no les estoy pidiendo permiso_ cuando yo les dije eso a mis papas ellos me dijeron, _está bien ya eres grande y es tu responsabilidad si te sucede algo malo o si te hace algo malo_, ya lo sabía, pero mi decisión estaba tan llena de voluntad que me decía a mí misma me arriesgare, lo intentare si no lo hago me arrepentiré para toda mi vida y si acaso me equivoco y Erláin es un criminal que me quiera matar, lo enfrentare como pueda tratare de defenderme y si muero en el intento, me decía al menos lo intente hasta el final, yo iba con la idea de arriesgar mi vida con tal de saber la verdad, mi verdad y la de Goku, no podía detenerme estaba muriendo en vida de la desesperación de no saber cómo seguir, de cómo entender, y también de no ver ni poder tocar a Goku, y algo sumamente importante de ser totalmente libre, iba totalmente decidida a enfrentarlo todo con toda la extensión de la palabra !todo¡ digo ¿Acaso creen que me iba a detener si sabía que podía ver por fin a Goku?.

Quizás al leer esto te rías, o digas a si pues lo comprendo, todo lo postulado aquí se plasma de una manera totalmente dramática porque en realidad así fue con todo el papel de víctima que emana la obra.

Entonces me fui con Erláin a su casa, la verdad me sentía totalmente desubicada, me sentía como en un sueño donde graciosamente decía _haber me voy a pellizcar quizás si estoy soñando_ sentía un nudo en la garganta, un nudo en el estómago, y temblaba, sentía todo a la vez, esa vez mis papas nos llevaron hasta donde Erlain vive, ya ellos no me reclamaron nada ni me dijeron nada ya me habían dicho que todo era mi responsabilidad.

Cuando llegamos a la casa de Erláin la verdad yo aún seguía con el nudo en la garganta, la confusión como siempre era demasiado alta, así paso todo el día y mis papas se tenían que devolver a mi casa pues ya se estaba haciendo tarde, sinceramente sentía tanto miedo que me quería cobardemente regresar con mis papas, incluso estando ahí a punto de irse me dijeron _¿estás segura de que te quieres quedar?_ la verdad yo sentía que me quería devolver con ellos, pero una fuerza mayor dentro de mí me detuvo tenía tanta debilidad mental por eso quería correr con mis papas cobardemente pero luego me acorde por supuesto de Goku todo el tiempo y eso quebranto mucho mi miedo, quería correr pero dentro de mi revolución interior yo había lanzado una bomba atómica muy poderosa la cual tenía toda la conciencia encendida, en ese momento no sabía lo que le pasaba a mi cuerpo, era como si dos personas estuvieran en mí en la cual una me detenía y otra me jalaba mi cuerpo simplemente se inmovilizaba, estas dos esencias me estaban partiendo por la mitad, pero la esencia que había lanzado esa bomba atómica era ya más fuerte que la otra, me movía por inercia, sin pensarlo una fuerza superior me levanto y me impulso.

Cuando ya se fueron mis papas Erláin me dijo _no tengas miedo no te voy a hacer nada malo, mira ven_ me dijo _te voy a mostrar algo_, entonces yo me acerque a él y se me quedo mirando fijamente y me pregunto: _¿tú sabes que es el ki verdad?_ y obviamente yo con un gran énfasis le respondí: _!si, como no saberlo¡_ entonces en eso él sonrió y me dijo: _bien acércate un poco más_ yo no lo pensé dos veces y me acerque más y él me dijo: _mira y percibe como se siente el ki esto es demasiado leve a comparación con lo que se puede hacer_ yo ya con un tremendo bloqueo mental de confusión le respondí con la cabeza que sí, luego el extendió sus brazos abrió sus palmas de sus manos me miró fijamente y lanzo una tremenda fuerza electromagnética sobre mi mandándome a una distancia considerable hacia atrás, afortunadamente no me lastime pues siempre he tenido buenos reflejos y estos me ayudaron para no caer tan drásticamente, yo en eso le dije riéndome y en voz alta _nada más te falto gritar !kame hame haaaaa¡ y entonces él me dijo en un estado serio y tranquilo:

tu sabes bien lo que el ki es capaz de hacer, por eso te dije que esto es muy leve, cuando me dijo eso en manera de afirmación inmediatamente capte que me lo decía por lo que yo había visto en la serie animada, no me pude resistir las ganas de preguntarle sobre las técnicas y la energía y entonces le pregunte –¿porque me dices que yo sé que es capaz de hacer el ki?- el me contesto – porque tú tienes una idea más clara es lo más apegado que tú has visto y ya sabes que es y no solo eso, nosotros somos capaces de mover planetas enteros, de limpiarlos para poder mantener el equilibrio en el universo, nosotros cuidamos que no le pase algo malo al sol u otra cosa que pueda pasar por ejemplo el otro día Mariela y otros andaban limpiando Saturno que ya hacía mucho tiempo que no lo habían limpiado,-

Yo me daba más o menos la idea de cómo era posible de que ellos pudieran hacer eso por los animes pero no alcanzaba a asimilarlo y es comprensible pues es totalmente desconocido que necesita de un guía para saberlo.

Sinceramente simplemente no me salían las palabras, había rebasado totalmente mis expectativas de lo sorprendente que puede pasar en realidad, la verdad me sentía en una película de ciencia ficción, con esto que me mostró yo daba por hecho que él conocía a Goku es decir ya había gato encerrado, luego le dije:

los seres de tu planeta son increíblemente poderosos y él dijo _si somos medio raros nos parecemos a los súper héroes que tu vez en la televisión_, en eso otra vez inmediatamente lo primero que se me vino a la mente en ese momento fue que ahí estaba Goku y que de ahí era, me daba pánico preguntarle por Goku ese día no pude hacerlo y entonces Erláin me dijo: _mañana va venir Mariela para que la conozcas_, y en eso decidí que era momento de preguntarle a los dos juntos por Goku, Erláin al igual que cuando Graciela me lo dijo mucho tiempo atrás, notaba mi desesperación, yo misma me decía !por fin¡ !por fin sabré donde esta Goku¡ pero nunca me hubiera imaginado que lo que me iba a pasar en seguida de que conociera a Mariela casi me destruyo.

Al día siguiente Erláin y yo desayunamos y poco más tarde llego una muchacha más o menos de mi edad, ella era Mariela, saludo a Erláin y entonces Erláin le dijo: _mira aquí esta Aleya_ y ella le respondió: _si ya la vi_ yo nomás le dije: -hola- y ella me sonrió y dijo:

ya te había ido a ver yo toda confundida le dije !¿Cuándo?¡ yo nunca te había visto y ella me dijo _es que Erláin me dijo que me querías conocer y fui a verte_ y yo le dije: _¿pero cómo hiciste eso si yo no te vi?_ y ella me respondió: _es que me tele transporte a donde tú estabas_, di brinco estremecedor hacia atrás le grite emocionadamente !utilizaste la tele transportación¡ y ella dijo: _si claro_.

Enserio que cuando ellos estaban enfrente de mi sentía un amor inexplicable pero además tenía un pánico interior pero no hacia ellos sino hacia mí misma, había pensado que mi mente no iba a poder soportar tanto y menos con lo que me paso enseguida, lo vuelvo a repetir mi mente ya apenas podía.

CAPÍTULO IX

UNA VERDAD CRUEL

Luego Mariela y Erláin me dijeron pásale al cuarto de enseguida, ahí estábamos los tres y antes de que perdiera más y más la cordura quería urgentemente por primera vez en mi vida escuchar la respuesta de alguien más elevado acerca de donde esta Goku, esta era una oportunidad única y sorprendente, siempre cada vez que veo a Mariela como desde la primera vez me he sentado al lado de ella, antes de que Mariela empezara a explicar cosas, hice un supremo esfuerzo tome el suficiente aire y le pregunte a Mariela _¿conoces a Goku?_ parecía que todo estaba fríamente calculado, entonces fue cuando ella me dijo en manera directa, _Goku no existe_.

Cuando Mariela me dijo eso parecía que me agarraran y me partieran en mil pedacitos, todo mi mundo se derrumbó completamente, en eso sentí lo peor que he experimentado, y la verdad esa actitud era completamente estúpida, sentía sinceramente y sin temor a hacer el ridículo que no iba a poder seguir, decirme eso es como si me hubieran arrancado todo lo que soy, sentí como si me hubiera quedado sin identidad, después de eso me dijeron lo que siempre había presenciado _Aleya todo el mundo está controlado y es manipulado y una de las cosas con que lo hacen es la televisión, la televisión dijo Mariela es la caja idiota que destruye el potencial de los seres humanos_ luego yo les dije que ya lo sabía entonces me dijeron _una persona que quiere avanzar en espíritu no tiene apegos de nada_ una persona no puede evolucionar mientras tenga una codependencia, un apego emocional con alguien o algo y ellos sabían que mi mas grande apego era Goku, en ese momento ya ni sabía lo que quería, me habían quitado lo que me impulsaba, me habían quitado mi motor que me da valentía, Mariela estaba leyendo mis pensamientos y mis sentimientos, ella veía que estaba en un estado drástico por algo que creía que nunca lo iba a poder superar, en eso Mariela me dijo _la esencia del ser, agarra su propia fuente de amor y valentía, si te agarras de algo jamás te vas a poder conectar a la fuente divina_ tenía tanta rabia y tristeza ya no quería saber nada de nada, decía en esos momentos !donde estas Dios porque me haces esto no lo merezco¡, le reclamaba a Dios, _!¿Porque me diste un sentimiento tan fuerte por Goku y peor aún un sentimiento tan puro y tan real y luego me lo quitas porque me lo arrancas?¡, para colmo y para rematar Mariela leyendo mis pensamientos me decía _¿tú sabes lo que es Dios?_, _Dios es un vació absoluto, es una fuerza que llena todo el universo, es un vació consiente, a Dios no le puedes reclamar nada él no tiene apegos a nada, él no tiene ego, es el isótopo principal y todos formamos parte del_ yo no le entendía nada porque en ese momento no me interesaba nada ya ni si quiera sabía si iba a poder seguir viviendo.

Erláin me dijo que debía ser fuerte y que no olvidara nada de lo que había aprendido, le dije que como era posible que Mariela y el ayudaran si se suponía que no podían interferir en el libre albedrío de los demás, y me dijo:

es que ya la raza humana está al borde de la perdición están a punto de ser eliminados, el planeta está a punto de sucumbir y es por ello que empezamos a interferir me dijeron _no te debes dejar llevar por el dolor de no tener a Goku incluso tu lo aprendiste de ahí mismo a ser una Guerrera, tienes que agarrar tu propia fuente de poder_ el sentimiento tan abrumador que sentía no me permitía comprenderlo.

Era de lo más horrible estar así, parecía como si me estuviesen arrancando la piel, esto tal vez suene demasiado dramático pero no me gusta ser melodramática, incluso odio hacerme la víctima, eso no fue lo que yo aprendí de Goku, era una cosa sorprendente que había pensado que iba a morir de estar así, pero nadie se dio cuenta cuando estaba así, como era algo interno nadie hubiese imaginado que es lo que me pasaba, lo digo de esta manera porque por mas ridículo que suene así fue como me paso, y suena muy falso, por eso comprendo a todas las personas que sufren, todas aquellos que golpean, que violan que se quedan solos, porque lo recibieron en vivo creándoles en muchos casos estrés postraumático, simplemente destruyen sus vidas, lo mío fue totalmente mental, totalmente interior y todo a base de una manipulación tremenda.

Tiempo después yo le decía a Erláin que si quien nos protegía, que si los maestros ascendidos eran reales y él me respondió que no que esos supuestos maestros ascendidos fueron inventados, pues otra desilusión más porque creía en ellos y tuve que entender también que no eran reales, también creía en los ángeles y cuando le pregunte a Mariela ella dijo que tampoco existen que lo que todos conocen como ángeles son seres como ella, y Mariela dijo que tampoco existen los de la Federación Galáctica ni nada eso de la armada cósmica, que todas esas patrañas las inventaron los seres que manipulan en este planeta para controlarnos a todos nosotros.

En esos momentos me sentía tan desprotegida que me vomitaba de la desesperación, el arcángel Miguel era al que según yo más acudía, decía ¡no por favor mi arcángel miguel no, no puede ser! Cayendo en gritos de desesperación, cayendo en estado de apatía no quería nada ya me habían quitado prácticamente todo, solo quedaba mi presencia, pero lo que más me costaba entender era lo de Goku, me sentía tan estúpida, tan manipulada, me sentía un títere el cual agarraron para divertirse durante todos los años de mi vida, no quería aceptar el hecho de que Goku no existía, y hasta ahora actualmente aun me quedan secuelas porque mi energía psíquica fue totalmente dispersa, experimentar tantas perdidas a la vez era para enloquecer enserio.

Experimentar la verdad no es dulce esa sí que fue la mas terrible batalla que pase, porque el que Mariela me dijera que Goku no existe me había prácticamente derrumbado mi identidad, quizás las personas experimentan cosas terribles a lo largo de su vida, y a ellas las comprendo con todo lo que soy como lo dije de veras, quitarme a mí lo más valioso que yo consideraba no solamente Goku había veces que si lo veía como una injusticia, decía ¡que hice para merecer esto! Lo único que hice fue buscar la verdad, tratar de comprender a los demás, se tornaba insoportable estar con tantos duelos a la vez, todos al mismo tiempo, más apartes los de la vida cotidiana, pues no me gustaba estar aquí simplemente no podía estar aquí mi ki se estaba apagando no entendía porque me sentía tan sola en un planeta de siete mil millones de habitantes.

Cuando se sabe la verdad, las personas se vomitan, a mí me paso, es porque la conciencia no lo soporta, tampoco el cuerpo, alguien que es muy pegado a la espiritualidad el que le digan que los ángeles no existen simplemente no lo puede aceptar a la primera, alguien que les ha orado todos los días pidiendo su protección, simplemente no lo logra aceptar su ser, para mí la espiritualidad siempre fue demasiado importante, de hecho todo lo que yo hacía de Goku iba relacionado con eso, para mí los ángeles eran también lo máximo, los maestros ascendidos, mi corazón sinceramente se partió en mil pedacitos hablando metafóricamente, decía ¡a quien les he estado orando toda mi vida, en quien e depositado todo mi corazón ¿a algo invisible? No puede ser esto es injusto!.

Entenderlo no podía, yo a cristo no lo había desechado del todo, aunque yo no fuera católica a cristo lo veía como un maestro ascendido, no soportaba tampoco la idea de que el no existiera, yo decía ¡por qué mi maestro Jesús, porque mi arcángel miguel! Sentía la desprotección más terrible que puede existir, eso sí es quedarse vació enserio, mi energía psíquica como rayos iba compensar tanta perdida, quien me iba a consolar si nadie lo podía hacer más que yo misma, yo veía a los demás tan felices y tranquilos, con su cristo, con su virgen, alegres sintiéndose protegidos y yo ahí, sin saber qué hacer, no sé hasta dónde me querían exprimir, cuanto más si ya no había nada, nada, yo sabía que tenía que conectarme con la fuente pero no sabía cómo, yo sabía que mi poder me pertenece a mí no más, pero no sabía cómo sentirlo, tan solo lo sabía intelectualmente.

Pero tengo más armas para poderme defender, sentía una inmensa tristeza yo misma me decía: _de que me sirvió, toda mi vida buscando a Goku para que al final me salgan con esto! como sacar al Dios que llevo dentro¡ gritaba, lo necesito_ pero nada paso, le gritaba al cielo !que más quieres de mí, me has

CUANDO SIENTAS QUE LO HAS PERDIDO TODO ES PORQUE YA TODO LO TIENES.

quitado prácticamente todo¡, me mostraste que el mundo está en la perdición, que las religiones y la política solo nos controlan, me mostraste que no debo tener apego emocional a nada ni a nadie, me has quitado la idea de protección de ángeles y arcángeles y maestros ascendidos.

Mariela dijo que Cristo no existió, que solo fue un revolucionario que lucho por un país, otro Gandhi por así decirlo pero que la gente invento a Jesucristo para darse golpes de pecho, amigo no te estoy tratando quitártelo todo de un golpe como lo hicieron con migo de echo tu mente en este momento no lo acepta, tu corazón menos y es razonable que reacciones así si es que lo haces.

Me quitaste toda la protección en la cual me sentía segura, incluso le decía al cielo, ya nada creo pues ahora todo lo que me dicen por hecho ya nada puedo creerlo y para rematar, le gritaba al cielo, me quitas a Goku, !que más quieres de mí, no tengo nada¡ solo quedo yo y un vació terrible en mi interior que me hizo caer en apatía_ me decía ¿y ahora como salgo de esta situación, que hago ahora? ya no tengo nada de que agarrarme, ya no sé quién me protege, ya no tengo ningún motor que me impulse, me han re modificado hasta mi idea de Dios, !¿Que haré ahora?¡ yo le dije a Mariela que si un día la necesitaba, si un día me pasa algo peligroso le dije que si podía ayudarme, y ella me respondió que sí.

Entonces Erláin me dijo: _es necesario que tengas un cuerpo de acero_, !dios¡ todo lo que me decían él y Mariela me recordaban a Goku, le dije que para que y él me respondió: _porque así podrás pasar a otros reinos_ después me dijo: _mira toma esa barra de metal_ en eso yo la tome, después me dijo: _golpéame con todas tus fuerzas_ y lo hice pero por mas que le pegaba no le podía hacer ni un solo rasguño, entonces le pregunte: _¿a qué te referiste cuando me dijiste otros reinos?_ y él respondió:

_ En el universo existen muchos reinos, son otros planos, el universo es como una red como si estuviese conformada de capas, y hay infinidad de lugares a los que podemos ir, son otras dimensiones, todo ser ínter dimensional puede acceder a ellos si sabe como, pero no se lo debe tomar tan a la ligera porque si se torna peligroso pues puede quedar atrapado en alguno de esos lugares, se puede topar con seres que no son amigables y puden caer en sus trampas, es por eso que la persona que quiere hacerlo debe tener un entrenamiento muy duro antes de entrar ahí, a los lugares desconocidos, necesita tener un cuerpo bien fuerte para poder moverse a otras dimensiones_ me atragante y de inmediato pensé Goku está en alguna de esas dimensiones y luego recordé que Mariela me había dicho que no existía, yo entonces me enoje y le dije a Erláin que si existían él y Mariela que porque Goku no, luego para colmo el me contesta: _nunca debes de creer al cien por ciento lo que te dicen y lo que te decimos_ _¿y entonces?_ le pregunte, y él respondió: _toda duda que tengas en tu interior nunca debes atenerte a otro a que te lo diga_ yo enojada le dije: _como rayos voy a comprobar tamaña cuestión, me pase toda mi vida intentando hallar una respuesta y lo único que conseguí es solo un tremendo desajuste mental, además no tengo la tremenda energía que necesito para poderlo comprobar_ el solo me observaba fijamente Mariela en esos momentos no estaba, pero luego el me dijo: _eso que hacen es un grave error dejan a merced de otro que les diga su verdad y lo único que han logrado es desviarse más de la verdad absoluta_ me dijo: _por eso te dije que necesitas un cuerpo de acero porque así tu podrás comprobar por ti misma lo que te inquieta_ me dijo: _no te voy a decir lo que quieres oír aunque fuese verdad o no porque de igual manera la respuesta seria la misma al final_ en eso le dije de una manera neurótica: _¿entonces me estás diciendo que si quiero saber si en verdad existe Goku tengo que comprobarlo por mi misma y que para eso tengo que tener un cuerpo de acero para poder pasar a esas dimensiones? y él respondió _así es y no solo el cuerpo debes tener de acero si no también la mente_.

Cuando supe que tenia que tener un entrenamiento bien duro, de nuevo me acordaba de Goku cuando el entrenaba, pues todo era tan parecido, el yo recordar eso sentía emoción en mi interior, pero ya no era un juego o un capricho de niñerías, ya era serio, totalmente, me desesperaba porque no podía vivir en el presente porque mi imaginación estaba a todo lo que daba, demasiado activa, y ser fantasioso era una de las cosas peligrosas que no debía tener porque al entrar a esas dimensiones, tenía que distinguir perfectamente bien la fantasía de la realidad, pues si yo cayese en un error de mi fantasía iba a verme en serios problemas donde correría un peligro inminente.

Una de las cosas que siempre tuve muy activa fue mi imaginación y me preguntaba ¿Por qué? Había llegado a pensar que talvez esas imaginaciones no estaban tan erradas después de todo y tener la imaginación activa no es malo pues aquella persona que la activa puede ser muy creativo, pero a mí ya se me había hecho un trastorno psicológico, yo ya poseía el pensamiento mágico que ya se había tornado delirante.

Fue una de las cosas que tuve que entender, no podía arriesgar mi vida si no estaba preparada, entrar en cosas exotéricas es peligroso y mucho más cuando no se tiene control de uno mismo del lugar donde se encuentra, no podía saltarme los pasos porque simplemente peligraba, y es que a veces las cosas que son reales ya se confunden con la fantasía tal es el caso de esquizofrenia donde se ven un sinfín de cosas que, muchas de las ocasiones son reales, pero que desgraciadamente para empezar la ciencia esta peleada con la espiritualidad y en segunda no se han permitido los hombres de ciencia abrir la mente a posibilidades que parecen fantasiosas pero no lo son.

Cuando se trata de diferenciar la fantasía de lo que es real, ahí ya se activan otros sentidos que nos permite saberlo, mientras no se tenga el entrenamiento adecuado, no es conveniente elevar el ego lanzándose tontamente pues las consecuencias son graves.

En una ocasión le dice Erláin a Mariela _dile a Aleya que están haciendo sus papas en estos momentos_ Mariela dijo: _claro el papa está trabajando en este momento y su mama está recogiendo su casa_ yo no más los veía y le pregunte a Mariela _¿cómo le hiciste detectaste su ki?_ _No dijo fui hasta allá a verlos_ quedándome en un estado que ya me estaba acostumbrada a el de tantas alteraciones _entonces como le hiciste_ pregunte y ella me dijo: _al igual que nosotros ustedes tienen siete cuerpos, y deben aprender a tenerlos en equilibrio, el que debe ir por delante es el mental porque este es el que hace todas las operaciones, es el que dirige, el que razona, por nada deben usar el físico por delante porque este es el más irreal de todos, yo fui con mi espíritu en si a ver a tus papas_ en eso mencione con gran exaltación !¿y acaso vuelan?¡ _si podemos pero en todos los lugares hay leyes que se tienen que cumplir además si lo hiciéramos y la gente de aquí viese se asustarían porque tienen todos la mente muy cerrada, algunos no podrían asimilarlo y podrían quedar mal_ yo grite en eso !lo sabía¡ !lo sabía¡.

Eres más de lo que has creído ser, seguramente y perdón si me equivoco, te limitaste a creer y sentir solo a tu cuerpo físico, pues como los ojos físicos no pueden ver otra clase de vibraciones te limitaste a solo creer lo que vez con tus ojos físicos, yo eso lo entendí en uno de los capítulos de Dragón Ball afortunadamente, y con ello empecé a entender la energía como antes lo mencione.

Tienes 7 cuerpos ahí esperándote a que los uses para el bien, pero si es muy importante aprender a controlar tu mente, tus pensamientos y adquirir herramientas cognitivas, pues es el cuerpo mental el que monitorea pues recuerda que todo es mental en el universo.

En realidad me da tristeza el que no sea fácil ver a esos seres sorprendentes solo por nuestro mal condicionamiento y por el miedo abrumador que nos ha poseído siempre, no es justo que ellos estén ahí y que nuestro miedo y tontas maneras de pensar los aleje, y es que ellos no tienen dolor ni sufrimiento como nosotros que nos exaltamos por la nada, por cualquier tontería, todo por no evolucionar, hacernos más conscientes, a causa de ello tuve que pasarme toda mi vida buscándolos, algo que fue tan desgastante, pero si no lo hubiese hecho seguiría totalmente perdida, no puede ser posible que existiendo millones de personas de mi especie me sienta que no estoy en mi hogar, cada uno de nosotros es tan increíble que no merecemos el dolor que hemos experimentado, desgraciadamente la mente algo de tiempo para poderlo asimilar, dependiendo cual sea el nivel de evolución que tengas hasta ahora.

Mariela siguió y dijo también lo mismo que Erláin _ya este planeta está muy mal ya están a punto de ser eliminados y los que se pueden salvar son los que están conscientes, como tú sabes me dijo la nueva raza tiene que ser más consiente_, en eso me percate inmediatamente _!los Sayayin¡_ dijo _ya todos los niños que están naciendo serán más consientes, pero el planeta ya no lo soporta y los que están inconscientes lo están destruyendo, la nueva raza ya no se irá por la tecnología_ ¿y entonces? pregunte _ahora se irán mas por lo natural, defenderán más la naturaleza_ ya lo sabía ya me lo habían dicho tiempo atrás, todo eso se lo había mencionado a Graciela ella me decía atenta con lo que pasa.

Ella dijo: _Existen unos seres a los que yo llamo "los vigilantes" ellos están cuidando a todos en general, cuidan todo el planeta tierra, son los que ven cuando a una persona le ha llegado su fin o que por sí misma se puso su rayita y su propio fin, hay otros seres de terminación "toscanos" ellos son los que cuando las personas que están a punto de morir les dan una segunda oportunidad que es ahí donde normalmente se vuelven más humanitarios, ellos actúan acorde las leyes del universo, sin más ni más ellos lo hacen de esa manera con todo el amor y sabiduría como seres evolucionados que son_.

Así como lo dije antes son muy parecidos a los dioses que salen en Dragón Ball. Luego Mariela dijo que las personas que matan malignamente a inocentes y los que se suicidan son fulminadas y que los que no entienden son castigados como en una especie de zona fantasma donde se quedaran ahí hasta que entiendan, así que por eso insisto que debemos convertirnos en Sayayin pues las consecuencias que pasaremos son demasiado duras.

CUANDO SIENTAS QUE ESTAS MURIENDO QUIERE DECIR QUE ESTAS A PUNTO DE VOLVER A NACER

Recuerda que un sayayin cuando está a punto de morir y se levanta adquiere un poder sorprendente.

Cuidado si hay pensamientos de suicidio e incluso intentos porque son castigados por los vigilantes y el universo, porque la vida es el regalo más hermoso que se nos ha dado y quitarnos la vida de esa manera tan cruel nos hará pagar duro las consecuencias de ese acto.

A pesar de que a mí me arrancaron todo lo que más amaba con todo mi corazón no tuve ni un intento de suicidio, pude darme cuenta de la madera que estoy hecha y si te preguntas ¿Cómo lo logre? En realidad no sé qué fue lo que hizo mi mente, mi ser, mi espíritu, solo cuando estás ahí experimentándolo en vivo y a todo color puedes darte cuenta, donde se activa el instinto de supervivencia, donde se activan partes que no conocías y si me hecho porras a mí misma, puedo ponerme con todo orgullo la corona de Sayayin porque si no más a una persona que es muy católica le arrancasen a su preciado Jesucristo de seguro al principio se querría morir y esto solo en el caso de Jesús, también en el caso de los divorcios, de esas personas que llevan meses o años con su pareja y de pronto la defrauda de la manera más cruel posible donde el afectado siente que se esta muriendo y también siente que no podrá vivir de esa manera pues a su pareja la amaba con todas sus fuerzas y ahí es cuando se preguntan en donde esta dios y no ven la salida y entonces tienden a tener esos intentos de suicidio donde muchos lo logran.

Imagínate eso mismo multiplicado por siete, eso fue lo que me paso a mí y no se tuvo ninguna compasión y ninguna consideración con migo, tuve que soltar a mi arcángel Miguel, mi maestro Jesús, mi maestro San Germain, mi maestro Hilarion, Kumaris, los Ángeles, Maria Magdalena, le tuve que decir adiós a Ashtar Sheran y toda su tripulación de la Federación Galáctica y a mi preciado Goku llevándose con ellos toda mi energía y casi toda mi vida porque ellos eran lo que más amaba en el universo además de Goku, y ahora te lo puedo contar a ti que estás leyendo esto con toda la cordura que existe, este es el precio que tienes que pagar por querer saber la verdad, tu verdad, pero es peor seguir con los ojos tapados aunque no parezca, mi recompensa de hacer todo esto aparte de conocer lo que en realidad vale es mi libertad, yo me agarre de Goku, nadie me pudo ayudar, ni una sola persona, ni un solo maestro, mi camino lo recorrí yo y nada más yo, es precisamente eso que muchos libros dicen que el camino del guerrero es muy solitario y es verdad, nadie te va entender con la profundidad que tú quieres más que tú mismo, nadie te va a valorar con la profundidad que tú quieres más que tú mismo, porque para empezar nadie sabe leer la mente a menos que se sumerja a lo esotérico, por tanto nadie te conoce realmente y tú tampoco conoces a los demás, porque nadie sabe lo que trae cualquier persona en su interior, no hay personas malas solo hay personas heridas pero por la falta de valores ya casi a nadie le importa, no entienden que debemos ser uno, de estar en unión, es pues que nadie te sacara del hoyo más que tú mismo.

¿Hasta dónde llega tu poder Sayayin? ¿Tan fácil te quieres rendir?, solo cuando me encontraba en el vació de lo terrible, cuando ya me había quedado sin sentimiento de pertenencia, solo ahí pude darme cuenta de cómo estamos conectados en realidad y de lo que es Dios en realidad y te voy a decir porque no me suicide, es porque la vida es un regalo que me dio el universo, un regalo que me dio el creador, no podía simplemente porque entendía de cierta manera la fuente divina por eso decidí no matar a ningún ser vivo y matarme a mí misma, era lo más aberrante que siempre vi, si me preguntaras como rayos me recupere de tanta perdida que tuve, no recupere la cantidad de energía de las pérdidas que tuve era algo que simplemente no estaba en mis manos, solo entendí al universo que estaba en mis ojos, en mi corazón, en mi mente fue entonces cuando comprendí lo que era fluir como el agua, así como lo hace un pájaro o como el agua de una cascada, entender que el control de la vida es una ilusión y que el dolor es mental y también es una ilusión.

CAPÍTULO X

LOS ESPÍRITUS

Luego empezaron a hablarme de espíritus, me dijeron: _no confundas fantasmas con espíritus, los fantasmas no existen_ yo les dije: _pero si hay mucha gente que dice haber visto un fantasma_ y me respondieron: _no, ellos utilizan esas formas para poder controlar a la gente, necesitan comer y se alimentan del miedo, la angustia y todas las emociones negativas, los espíritus son inmortales_.

Dejando claro lo de los fantasmas, así como me dijo Mariela ellos

No existen, utilizando nada más la lógica, cuando las personas se mueren van hacia otro plano y se van sin prendas materiales, es decir, únicamente su espíritu, entonces cuando las personas dicen vi a mi abuelito, se me apareció, y si se ve en forma humana, con la ropa que el usaba, es totalmente ilógico pues en el plano que ahora se encuentran no traen bastón ni lentes ni nada porque son pura energía.

Una persona que ve a un supuesto fantasma con ropa y de mas, es porque en efectivo está viendo algo, pero está viendo a un ser manipulador para otros fines que no son buenos, Mariela dijo que existen 14 especies de seres que habitan en este plano y que manipulan a la gente para hacer que adoren algo inerte para entonces tener una merienda de energía, que nos podemos percatar de ellos cuando nos obsesionamos con pensamientos negativos en los cuales no los podemos controlar, hay otros que programan la mente, en las noches cuando estamos totalmente indefensos, programándonos nuestro inconsciente para tal fin macabro.

En eso le pregunte a Mariela que cuantos años tenía y ella me dijo que tenía 6 siglos a Erláin no lo cuestione al respecto, pero en cambio Mariela menciono algo que no encontré las palabras para decirte lo que sentí, Mariela dijo:

Erláin es quien me trajo aquí, él es un ser muy poderoso es un Elohim, las personas no tendrían la capacidad para comprender ese gran poder en eso yo exclame _! Entonces Erláin es un Dios porque los Elohims son dioses que no!_ y entonces ella contesto: _Si así es_.

Te digo amigo que no me salieron las palabras para explicarte esto porque, es decir, el que yo llegara a un Elohim fue algo en realidad sublime, cuando antes que andaba buscando a Goku hasta se me hacía gracioso pensar que yo podía llegar a un Dios cuando decía que Goku podría ser Hanuman el Dios Hindú y ahora que es algo que parece magia, que es algo que parece totalmente descabellado te puedo decir que pude llegar hasta el Elohim del planeta UMMO y te dejo a tu criterio lo que puedas pensar, es algo muy parecido a lo que sale en los Caballeros Del Zodiaco, no sé si me quieras creer o no, solo te digo que tu amigo mereces saber la verdad, porque sé que se siente buscar hasta el más profundo rincón de lo que en nuestras manos humanas esta, entiendo que no tienes del todo la culpa por eso dejo esta obra con todo el amor que poseo para la humanidad y con todo mi amor de Sayayin y tú sabes ahora lo que significa ser un Sayayin para mí.

Después le pregunte: _¿ustedes tienen odio?_ era una pregunta estúpida porque era completamente ilógico que lo tuvieran, y ella me respondió: _por supuesto que no, nosotros no podemos odiar porque si odiáramos nos humanizaríamos nosotros no más sentimos amor y paz_ luego le dije: _y como puedo defenderme de los espíritus malos_ _simple_ dijo _con amor ellos detestan el amor_ ella continuo _ellos no pueden invadir un espacio haciendo referencia a lo personal de cada persona, por eso utilizan otros medios que son indirectos como la televisión para inculcarles emociones de los cuales ellos se pueden alimentar y ellos esperan ansiosamente que ustedes les hablen pidiéndoles cosas que después lo confunden con milagros sin darse cuenta que son ellos esperando a que caigan en sus redes malignas, ahí está el caso de la guija donde es un perfecto instrumento para atraer espíritus y les piden respuesta sobre algo o que hagan algo y si lo hacen pero siempre piden algo a cambio y el pago siempre suele ser muy drástico_ cuando dijo eso, me vino una sensación desesperante como de tristeza pero a la vez de alegría esas dos emociones estaban fusionadas y lo sentía porque en toda esa desesperación que tenía cuando yo buscaba a Goku hubo muchas veces donde entre toda esa angustia que presenciaba ya lo único que quería era una respuesta y si quería intentarlo todo y yo sabía de la ouija, decía si tal vez la utilizo por fin podré saber de Goku pero, ¿Qué me detuvo? ¿Porque no jugué a la guija para saber de Goku? fue esa fuerza que he dicho antes que va más allá de la razón, cada vez que yo pensaba en jugar a la guija esa sensación que me detenía demasiado fuerte y me volvía a gritar, _!ni se te ocurra ese no es el camino correcto¡_ era tan fuerte que en aquel entonces entendí que hacer eso estaba mal, pero me encontraba en un dilema frustrante porque me preguntaba pero si no es así entonces ¿cómo voy a encontrar a Goku? y es por eso y todo lo demás que también aprendí a ser sumamente paciente, estaba tan vulnerable, tan indefensa que los espíritus podían hacer de mi lo que querían, tantas veces le hablaba según yo a los ángeles diciéndoles, _ya por favor ayúdenme_ pero yo seguía en mi angustia desesperante, y yo les aseguro amigos míos que no porque nos encontramos en algo a lo cual no les vemos salida eso no nos justifica en hacer cosas estúpidas y peligrosas como jugar a la guija, créanme que siempre habrá otras salidas, si, tal vez mas tardadas pero nadie dijo que las cosas más sorprendentes iban a ser fáciles de hecho bien se sabe que lo barato sale caro y que lo que fácil llega fácil se va, yo sé que no hay justificación para utilizar cosas tontas como la guija o las drogas, si se puede caer en ese terrible error, incluso en el Perú si paso tal situación, leí una noticia que llevaba como título, "poseídos por Dragón Ball", y decía acerca de unos muchachos una mujer y un hombre de 15 y 16 años que eran sumamente fanáticos de la serie y al igual que yo ellos querían saber si Goku y Vegueta existían, pero ellos cometieron el gravísimo error de jugar a la guija, ellos aseguraban haber tenido dentro a los espíritus de Goku y Vegueta y según se dice que el chamán de ese lugar dijo que tenía experiencia en lo que se refiere al ocultismo y este pastor aseguraba que se trataba de una posesión diabólica, el pastor según dijo que Goku es un espíritu que tiene cierto poder que era una especie como de líder espiritual y que tenía súbditos como de pelea ira odio venganza etc., cuando yo leí eso yo me encontraba en otro gran dilema porque al menos a mí en lo personal me enseño cosas positivas, como ya lo saben si Goku existiese y fuese bueno o malo la respuesta en mí ya está establecida afortunadamente en mi esa respuesta como ya lo dije fue positiva, les puedo asegurar amigos míos que mi espíritu si es de un Sayayin, lo digo porque si es realidad lo que este pastor antes chaman dice entonces a ellos les salió el tiro por la culata ¿Por qué? porque yo no cree sentimientos de ira y odio incluso detesto la violencia fue todo lo contrario aprendí a amar a toda forma de vida, aprendí a respetar a toda forma de vida, todo mi ser, si la intención de esos espíritus en el caso de que eso fuese verdad, mi ser es demasiado fuerte.

Cuando yo leí eso yo no lo podía aceptar en primera porque siempre estuve enamorada de Goku y en segunda porque decía ¿pero cómo? si para mi Goku es la nobleza en persona, además cuando Mariela y Erláin me explicaron que había detrás de las iglesias pues peor, dije: _va pues ahora sí que la verdad esta tan disfrazada_, pero Mariela y Erlain me enseñaron muchas cosas ahora actualmente me encuentro entrenando la camisa de hierro y cosas acerca de la mente, aun cuando me acuerdo de Goku no puedo evitar ese sentimiento tan puro y la verdad eso es lo que me da más coraje te puedo asegurar que existen seres buenos porque he visto dos a Mariela y a Erláin yo lo comprobé personalmente y la verdad si me sentí con rabia porque a mí misma me decía si ya vi a Mariela y a Erlain decía !ya los veo me siento siempre al lado de Mariela, la he tocado a Erláin también¡, le volví a gritar al cielo !qué te pasa porque a Goku no¡ ¿porque Goku no viene igual que Mariela, igual que Erlain? sentía tanta tristeza pero Mariela me confundió cuando me dijo la respuesta de Goku ya que no me explico hasta ahora qué hay de tras de Dragón Ball y Erláin tampoco hace mención al respecto nada más me entrena, como dije desde el principio a mi Goku me dio una voluntad tremenda y es imposible que me la quiten ahora, está demasiado incrustada en mí, cuando estaba sintiendo que estaba perdiendo mi identidad, simplemente no se puede, todo lo que se forja en el espíritu ahí se queda para siempre, Goku, me inserto el arquetipo de guerrero pero no entiendan guerrero de una manera literal de alguien que hace daño si no de alguien que protege a los indefensos, el que a mí me hayan forjado ese arquetipo se me incrusto en todo lo que yo soy hasta la última parte de mi memoria celular, aunque yo perdiese la conciencia, mis partes de mi otro ser lo poseen, aunque yo perdiese la memoria ahí sigue estando, porque fue algo tan puro y tan real, bien me pueden desestructurar todas las partes cognitivas de mi cerebro y nunca se ira, es como si yo hubiese hecho un pacto con la luz y el amor, podrán arrancarme todo y aun así aunque parezca que yo renegase con dios porque me quito lo más valioso que tenía, aun así seguiría mi ser siendo el mismo hasta el final de los tiempos, porque todo lo que yo hice fue una tremenda identificación con lo que vi y al ser esto una identificación quiere decir como si yo me estuviese viendo en un espejo, yo soy un Goku y lo voy a ser por siempre, porque es la parte del espíritu que nos dice ¡adelante, adelante! Busque el origen de Goku y ese origen está en mí, soy yo.

Hay que tener mucho cuidado con lo que hacemos en cada decisión que tomemos, esos muchachos de Perú es por seguro que eso que les paso les marco su vida al igual que a mi si es que en verdad paso, pues actualmente la verdad está totalmente distorsionada, pero lo que les puedo asegurar es que el amor es el arma más poderosa que tenemos, no hay poder maligno que pueda con el amor, esos muchachos merecen toda la protección del universo al igual que todos nosotros, esos muchachos son sayayines puros, conocen la esencia de Dragón Ball y merecen un buen guía que este en lo correcto y aseguro que lo obtendrán.

Erláin en una ocasión me mostró a unos seres y a mi más que nada me da coraje que miedo, no te puedo negar que tengo miedo aun teniendo el arquetipo de guerrero pero también soy humano y el miedo a veces es natural, pero ser guerrera me da una fuerza inmensa, esos seres son grotescos, y están aquí por todos lados, no temas, sigue la luz, sigue el amor, no caigas en sus juegos, se alimentan de ozharu y tú puedes ser sayayin, exige tu luz protégete con lo que tienes, llama al poder divino, siempre te escucha porque está en todos lados.

En una ocasión le pregunte a Mariela que si quien nos habían creado como humanos, ella me dijo que son unos seres muy sabios y con mucho poder, ella les llama "vigilantes" esos que mencione anteriormente que son los que están observando a los humanos, yo no podía entender porque cuando pasan las guerras o las catástrofes ellos no hacen nada y Mariela me dijo que no pueden, que son los humanos quienes lo provocan y que solo ellos unidos en amor lo pueden detener que tenemos que entender solos.

Después le pregunte que quien creo el universo, ella dijo que siempre ha estado ahí, que es como una especie de experimento, en el cual un día decidió dividirse en dos, que fue ahí donde se creó la dualidad diciéndolo en otras palabras, la luz y la oscuridad, en la cual se crearon dioses que tenían sus funciones de seguir creando y que más abajo habían otra especie de dioses y más abajo semidioses y así sucesivamente hasta llegar hasta nosotros, dijo que los humanos estamos en un nivel de evolución demasiado baja, arriba de los virus, que las plantas y los animales estaban más arriba.

Sinceramente te digo que esto es muy parecido a lo que vi en Los Caballeros Del Zodiaco y Dragón Ball, no había otra manera de poderlo saber porque no podemos ver a esos seres, cuando Mariela viene con migo yo no la veo con mis ojos físicos, como dije antes tienen una vibración muy alta para los ojos humanos, por eso digo que no había otra manera mas que por caricaturas, que me alegran mucho o por otro medio, pero que enserio es muy importante que tu personalmente te des cuenta que existen y que tu no existes por la nada, tienes tu función que es tu misión pero que sobre todo ser completamente feliz es el resultado, y que si no lo tienes te invito a que la busques pues la mereces.

Es pues así que el universo lo rigen los dioses que están en distintos puntos del universo así como kayosama del norte, del sur, del este y del oeste, así como el Supremo Kayosama y Kamisama que es como los vigilantes que menciona Mariela los que cuidan la tierra, cuando ella me los menciono, yo me imaginaba a Kamisama y Mister popo y a mí me causaba gracia, me dan la sensación de algo familiar, y cuando uno tiene ciertas habilidades psíquicas puede ir con ellos con permiso claro esta para que preguntes cosas de tu misión aquí en la tierra.

Entonces yo me decía que Dragón Ball me estaba mostrando una verdad tremenda, yo me alegraba y claro que me alegro al saber que esos dioses están ahí, los vigilantes que lógicamente para mí son Kamisamas, y sinceramente eso me alegra aún más, porque sabía perfectamente que al igual que hay Kamisamas pueden haber Gokuses, el yo encontrarme seres como esos me regresaban el alma al cuerpo como dicen por ahí, ya no podía pedir más, todo lo que yo creía se refuto, se comprobó y rebase los límites de esa prueba, es lo que me hace sentir una autorrealización tremenda y con ello decirles a todos ustedes que existen muchísimas cosas, no cierren más la mente, quiero decirles a cada uno de ustedes que leen esto que ahí están esos seres súper poderosos llenos de sabiduría, ahí están los vigilantes como su palabra lo dice vigilando, ahí están las jerarquías de los dioses luego los semidioses, enseguida los mensajeros luego los elementales, enseguida los humanos ángeles y los humanos, Mariela dijo que la película Titanes tiene mucha verdad, pero sobretodo vete a ti mismo al espejo y date cuenta que eres un ser de luz muy especial, porque todo ser vivo es muy especial y merece respeto como tal, tu eres un ser de luz, encuéntralo.

Después a Mariela le pregunte que como era su planeta y ella me dijo: _mi planeta tiene cuatro soles y hay muchos seres como yo, el mayor tiene cuatro mil siglos y es una persona muy sabia, a nosotros nos llaman a campanadas para hacer determinada labor_ ¿campanadas? Pregunte, _si_ dijo ella _al sonar una campana de diferentes maneras pueden venir muchas especies de seres depende como se suene la campana_ entonces le pregunte que cual era una de las cosas que ella hacia ahí y ella dijo _yo cuido los pececitos obviamente hacemos más cosas que no te puedo decir por el momento porque no me lo tienen permitido_ cuando ella dijo de los pececitos me surgió otra duda, a mí siempre me gustaron los animales pero me llaman la atención los leones y le pregunte de dónde venían los leones y ella me respondió que vienen de un lugar que se llama "Solarus", entonces de pronto le dijo Mariela a Erlain _necesito que me acompañes al sol_ yo me quede con los ojos cuadrados cuando le dijo eso, Erlain le dijo _claro_ no reaccionaba solo observaba haber que hacían, de pronto los dos cerraron sus ojos y en un instante desaparecieron frente a mí y grite !no se vayan¡ y entonces se oyó la voz de Erlain que decía _aquí estamos_ !donde¡ les gritaba _yo no los veo_, y él me respondió _no nos puedes ver porque cambiamos la vibración en nuestro cuerpo_ después de nuevo aparecen ante mí y yo bien emocionada les pregunto _¿ya fueron al sol?_ _Si_ respondieron _¿y cómo es el sol les digo?_ Y Erláin respondió: _ahí hay seres que son muy evolucionados y sumamente gigantes, lo que tu vez como lumbre en el sol es como la atmósfera de aquí de la tierra pero de allá, pero dejemos eso por ahora me dijo_ en eso llego una persona que quería que la curaran de una enfermedad que ella tenía, Erlain la hizo pasar y Mariela la checo no más la vio y le dijo todo lo que tenía y después la curo con sus manos con energía, me acordaba del personaje de Akira Toriyama Dende cuando curaba las heridas de los demás personajes, luego la señora agradecida se retiró, yo le pregunte a Mariela que como le había hecho, que como lo hizo para escanear a la persona como si fuera rayos x y entonces me respondió: _todos ustedes pueden ver y hacer muchas cosas pero tienen que ver más allá, abrirse más cuando quieran ver otra cosa_, en eso ella mostró como, y después cuando ya se había ido ella llega otra persona a curarse y cuál fue mi sorpresa que yo también podía escanear, ver lo que otras personas tenían obvio la practica hace al maestro, al principio no fui tan acertada pero después conforme iba practicando podía y lo aseguraba porque yo le preguntaba a las personas si era verdad y ellas respondían que sí, _y eso no es nada_ me dijo Erlain _no te imaginas lo que son capaces de hacer pero su error es que idolatran cualquier cosa y eso les quita demasiado poder_ el de pronto me dice algo que la verdad me tomo de sorpresa, el me dice _veras al rato te enseño a levitar_ en eso pegue gritos y brincos de alegría luego el me calmo y me dice _pero primero debemos ir paso a paso_.

Comprendo que todo esto suena demasiado fantasioso e incluso como muchos me dijeron a lo largo de mi vida, esa muchacha está loca, tiene retraso mental, de ante mano te digo con todo respeto que si eso es lo que piensas al leer esto no me importa lo que digan u opinen de mi, por eso te advertí desde el principio que si no te sientes capaz de comprenderlo no leyeras, simplemente aun así si no logras asimilarlo lo que si puedes hacer es respetar, no te estoy diciendo que creas nada, eso te lo dejo a tu criterio, yo solo estoy contando lo que me paso, una de las cosas que más aprendí con todo esto fue a respetar.

Tantas cosas que había pasado desde cuando era niña, aún a veces me cuesta trabajo asimilar hasta donde fui capaz de llegar por intentar encontrar a Goku, te digo que mi mente fue desestructurada, fue decodificada y desfragmentada en todos los sentidos, en realidad no entendía como fui capaz de salir del abismo profundo de los pensamientos en el cual estaba muy vulnerable a que me pegara esquizofrenia, perdí mi sentido de pertenencia ¿Qué rayos me iba a compensar si ya no tenía ni un simbolismo de divinidad? Tenía regresiones a las etapas psicológicas de mi vida y la angustia que puede matar a cualquier ser viviente, pero mágicamente jamás perdí mi sentido de cordura del todo pues el implantarme en mi se el arquetipo de Sayayin me hizo soportar las cosas más terroríficas de mi vida sin ayuda de ningún psiquiatra sin ayuda de un maestro sabio solo estaba yo y no más yo, pude de ir desde lo infrahumano hasta lo súper consciente, ya no había simbolismo alguno que me pudiera consolar en el cual siempre me había sumergido en esos simbolismos para poder compensar mi dolor pero ya me los habían arrancado todos y no podía entender cómo era posible que aun siguiera viva.

Si lo podemos lograr, me ha tocado ver casi todos los días cuando alguien dice _ese sujeto es caso perdido ya no puede cambiar esta totalmente echado a perder_ no se dan cuenta que no existe lo imposible.

Una vez le pregunte a Mariela ¿Qué puede hacer una persona que se siente demasiado inferior? y ella me respondió que primero esa persona debe darse cuenta de las virtudes que tiene, que todos nosotros tenemos muchas virtudes y las personas que piensan que ya no tienen salida es porque tienen un bloqueo y que hay que destruir ese bloqueo, ir más allá, aspirar a mas, luego me explico lo de la pirámide de Maslow me dijo _¿vez lo que te enseñaron en tu escuela de la pirámide de Abraham Maslow?_ yo la recordé de inmediato y le respondí −si claro_ _pues ahí la psicología te muestra como se puede satisfacer el ser humano, cuando una persona se siente inferior es porque no ha aspirado a mas que quizá otro si y es por ello que se sienten inferiores pero en realidad la inferioridad no existe nadie es mejor ni peor que nadie porque todos podemos aspirar a mas_.

Después le pregunte a Mariela como es en otro aspecto refiriéndome a lo físico y me dijo: _mido 2 metros y soy pura energía aquí por causas del lugar me veo como sombra parezco tablita_, en cuanto a esto también me había dicho que ella tenía el cabello rubio y de tez blanca que lo primero que pensé fue por supuesto ¡como un Sayayin! En eso pensé que quizás nosotros vemos la realidad como nosotros queremos y le damos forma a nuestro antojo.

Siempre me fascinaron los extraterrestres y también siempre creí en ellos incluso quería ir a donde están ellos, los buenos por supuesto, por ahí dicen "ten cuidado con lo que deseas porque puede hacerse realidad" y créanme amigos míos que es verdad, el que busca siempre encontrara.

Entonces fui con Graciela y le conté que había pasado y ella me dijo _yo tampoco soy humana_, ya me lo había dicho pero en otras palabras cuando me explico lo de los Sayayin, entonces me moleste con ella y le reclame porque me había dicho que Goku si existía, me vio fijamente con una especie como de duda y me cambio repentinamente la conversación y comprendí que no podía decirme nada, en vez de eso me empezó a hablar de la kundalini.

Entonces después Erláin me dijo que los humanos tenían que aprender solos, pero que podían tener guías, obviamente no iban a hacer el trabajo por nosotros, que solo nos podían guiar, yo le decía en manera sarcástica _si claro cómo no, ya no me queda de otra, de todas maneras ya no me estoy agarrando de nada_ y luego le reclamaba _no creo que el universo sea tan cruel al verme toda vacía y yo sin poderme conectar a esa fuente divina_ y entonces el me dijo _cálmate, nadie dijo que saber la verdad iba a ser un helado con chispas de chocolate encima_, en ese momento me enoje de verdad y le dije en una manera drástica pero respetuosa: _si claro como tú eres extraterrestre de que te vas a preocupar, con esa tremenda energía que tienes, hay menos probabilidad que te dañen_ en eso me quiso decir algo pero lo detuve y le dije: _espera que aún no termino, como crees que me siento cuando me dices que tenemos que aprender solos, pobres humanos todos desprotegidos, como crees que me siento cuando me tengo que proteger yo y solo yo, digo fuera extraterrestre como tu obvio ni me preocupaba, pero sabiendo eso se siente un vació inmenso en mi interior_ luego el me responde a todo esto de una manera calmada _eso es el más grande temor que tienen todos, que les quiten a su Dios por eso han estado así por miles de años_, luego le dije _¿y ahora que, ahora que sigue, que más tengo que dejar, me han exprimido hasta el fondo, me he quedado con ese vacío aterrador, mis defensas están demasiado débiles, luego reclame con exaltación, !¿ahora de donde rayos saco las fuerzas?¡_ me sentía abandonada por el universo, pareciera como si todo estuviese en mi contra, el arquetipo de guerrero se me quedo

LA REALIDAD ES MÁS SORPRENDENTE QUE LA CIENCIA FICCIÓN.

implantado, pero mi ki estaba débil, ya no debía agarrarme de Goku ahora tenía que agarrarme de mi y no más de mí, si te describo ese vacío interior inmenso, te puedo decir que es una cosa espantosa pero aunque quisiera ya no podía dar vuelta atrás, una vez que lo sabes ya no hay retorno, se destruye toda teoría de realidad y ficción y te quedas atrapado ahí, y para salir lo único que puedes hacer es entrenarte para volverte más fuerte, una vez que pasas la línea de lo que se supone que es realidad, esa realidad que nos hicieron creer por mucho tiempo y de pronto repentinamente y a veces sin querer, sin deberla ni temerla, lo sabes, en ese momento entras a lo que todos pensaban que era fantasía y entonces te das cuenta que la verdadera realidad es más sorprendente que la ciencia ficción. Luego Erlain me dijo: _todos somos parte del absoluto y tienes que darte cuenta por ti misma_ me dijo: _acepta lo que eres, así es como sucede, entre más rápido lo aceptes y te acostumbres es mejor_ tenía que hacerme fuerte o me iba a destruir, yo misma me preguntaba que como era posible que aguantase tanto, fue entonces donde me percate que la aceptación era una de las cosas que probablemente me dieran paz, pero ahora tenía que aceptarlo, no podía ver en ese momento como aceptar tales cosas, tales situaciones de tal magnitud, reclamaba ¡no es justo¡ sentía una tristeza inmensa porque veía a los demás, me daba rabia, coraje por verlos en el hoyo en el que se encuentran y luego saber que nadie los puede ayudar más que ellos mismos, donde todos tenemos que sacar nuestro propio poder, ¿vez porque te lo digo? Si fuéramos uno esto no tendría por qué ser así, si fuésemos más conscientes y estuviésemos más en comunión esto no tendría por qué ser así, ver a mi familia, a mis papas, a mi abuelita, a mis tíos pedirle a Jesucristo, pedirle a los ángeles, al verlos lo único que sentía era el gran vacío interior que tenía y luego que me lo recordaban todos los días.

Entonces tenía que aceptar mi destino, ahora la palabra "aceptación" en ese momento era una palabra mágica para mí, y en ese momento más que nunca comprendí que la vida es la cosa más hermosa que podemos poseer que cada segundo que pasa es lo más preciado que tenemos, tenía que haber pasado todo esto para comprender al cien por ciento que la vida es lo único que tenemos y que la felicidad siempre está ahí solo por el hecho de existir, fue ahí donde comprendí lo que una vez me dijo Mariela que somos parte del universo y que todos tenemos una función, cada hormiga, cada pájaro o árbol, el aire, las montañas, el agua, todos tenemos una función, tuve que comprender que para tener paz y estar bien para ser feliz no tenía que agarrarme de nada, porque ya soy parte del universo, solo existir, pero para comprenderlo primero tuve que sacar toda la basura que tenía incrustada en mi interior, pero tenía que aplicarlo no solo pensando o comprendiéndolo intelectualmente ya que si hacia esto me estaría agarrando de algo en este caso de esta teoría, lo que tuve que hacer es no solo pensar que soy parte del universo, si no sentirme como parte de él es decir "el observador tenía que convertirse en lo observado", por mucho tiempo fui un cazador y este estado se me condiciono, pero ahora también tuve que convertirme en lo observado, dejar de ser dos para poder convertirme en una, estando en mi presencia desnuda tal y como es, sin prejuicios, sin máscaras, ya no me quedaba otra opción, de todas maneras, además Mariela me había explicado que cuando nos morimos pasamos por cuatro etapas, donde nos desestructuran y dependiendo de lo que hayamos hecho aquí, podremos saltar a otros niveles o volver aquí a la tierra a continuar, ella dijo que nos quitan la memoria de todo lo vivido atrás, que lo mismo le pasara a ella refiriéndose al cuerpo en el que se encuentra ahora, dijo que en si ella será la misma como espíritu, para siempre.

TRATA DE DISFRUTAR CADA MOMENTO COMO SI FUESE EL ÚLTIMO DE TU VIDA

En ese momento dije yo, entonces solo tenemos una vez para intentar en cómo me conozco ahora, todo lo que soy ahora quizá ya no lo seré en otra vida, no me puedo dar el lujo de desperdiciar ni un solo segundo que pase en mí, tengo que ser feliz, en este momento, ahora ya, porque es lo único que tengo, "el presente" es lo único que tengo, y es un desperdicio aferrarme a algo, sufrir por algo.

Una vez le pregunte a Mariela que si está bien amar en sentido romántico a más de una persona y ella me contesto que no, porque eso sería ir en contra de la naturaleza, después de eso le pregunte que si los seres como ella tenían pareja y que si se reproducían como los seres humanos, y ella respondió que no, cuando ella me respondió eso le pregunte qué porque y ella me respondió que porque ellos no se pueden mezclar porque si lo harían se convertirían en algo devastador en donde podrían provocar muchos problemas porque ellos fueron creados como tal desde el principio y no necesitan del sexo para seguir creando.

Aquellas personas que tienen una autoestima tan baja, saben lo que es tener esa monserga encima, saben lo aplastante que es, les cuesta trabajo entender el significado de la "dignidad", hay muchas personas que se humillan ante otros con tal de obtener una pisca de afecto de los demás, y muchos se rebajan a ser pisoteados y manipulados no más por tratar de tener ese afecto superficial de los demás, "el miedo al rechazo" es un demonio horripilante y está en tus manos poderlo entender, ser un Sayayin no quiere decir que te vas a batir a duelo con un monstruo horrible, ser un Sayayin es ser un guerrero que sabe encontrar el equilibrio en la vida, un es consciente de cada uno de sus actos, es un cazador, sabes que todos estamos conectados y que para amar y respetar a otros tienes que empezar por ti mismo, porque tenerte " a ti" es lo más preciado que posees, tú tienes el poder mas no te van gloríes a ti mismo porque no eres mejor que los demás, cada uno tiene sus propias necesidades, todos somos creadores de todo lo que nos pasa, hay que aprender a cambiar el panorama de aquellos desastres mentales ilusorios, me ha tocado ver a muchas personas y aquí incluyo a mi familia que es pura nobleza, veo como son pisoteados, donde otras personas inconscientes se aprovechan, como es mi familia como sabrán yo lo llevaba en los genes, y les puedo decir que se siente ser pisoteado, una persona que tiene muy baja autoestima que es manipulada es un sentimiento tan fastidiante que muchos no lo soportan y se suicidan, si hubiera crecido con la educación de mis papas tan inofensiva en el sentido de no saberme defender de seguro hubiera sido mi acabose, pero no paso tal cosa porque a toda mi familia le falto el arquetipo de guerrero para poder entender el valor hacia sí mismos, pero a mí no me falto, tuve un guía por más estúpido que parezca que me enseño a poderme defender a entender el valor hacia mí misma.

BUSCA LA LIBERTAD PORQUE COMO MUCHOS SABEN LA LIBERTAD HARÁ QUE SEPAMOS LA VERDAD Y LA VERDAD NOS HARÁ LIBRES Y PODREMOS ALCANZAR NUESTRA TOTALIDAD.

A veces cuando las personas se sienten solas, cuando se sienten que no son comprendidas se experimenta algo terrible, he visto a personas a mi alrededor que se encuentran en determinado grupo de personas y como siempre en la mayoría de los casos alguno gracias al ego y a la competencia trata de sobresalir de los demás y se siente líder con el derecho de pisotear al que se encuentra más débil, desgraciadamente la mayoría de las personas siguen a la manada esos tontos estereotipos que no se acaban y seguirán hasta el fin de los tiempos, me toca ver en muchas personas un efecto domino donde el que se cree único y centro del universo lo siguen la manada de ovejas, pero, ¿Porque seguirlos? porque no volverse individual y en verdad ser únicos pero no en la manera de manipular a los demás si no en el sentido de libertad que todos merecemos, veo aquella persona que se encuentra en el grupo estereotipado que se ve que trae muchos problemas pero aun así disfraza esa risa falsa ante los demás de ese grupo todo por el hecho de que sea aceptado y no sea rechazado ¿Pero porque? acaso ¿Tan poquito te quieres? es decir aun sabiendo que traes una depresión tremenda tienes que hacer otro sobreesfuerzo para reírte falsamente para simpatizar a los demás, el rechazo de los demás es algo terrible debes comprender que actualmente ya no se ve el amor puro e incondicional, todo es pura conveniencia, porque no te pones firme y dices no me hacen caso, bueno si ¿y qué? Que no me pelan bueno si ¿y qué? en estas personas las cuales son las victimas las hacen sentir inútiles e incompetentes, las ven como un tonto y entonces el inconsciente de aquella persona se lo cree, se lo que se siente sentirse solo donde no hay nada y es un combate sorprendente y mortal porque luego te dices entonces ¿Que rayos estoy haciendo aquí? ¿Para qué me mandaron aquí? por eso es tan necesario el equilibrio en la vida tienes que respetarte a ti mismo, no sigas a la manada atrévete a ser diferente, aquel que se atreve a ser diferente conocerá la verdadera libertad, la verdadera paz.

A veces las cosas parecen injustas y es aquí donde hay que comprender lo que es el amor incondicional, a veces deseamos tanto una cosa, la deseamos tanto que para ello tenemos que hacer un esfuerzo grandísimo para conseguirlo y hay ocasiones en las que parece no servir de nada tanto esfuerzo, y es por ello que si queremos algo no debemos aferrarnos al resultado, aferrarse al deseo nos hará sufrir, pero tampoco debemos dejar de desear porque sin deseos, metas y decisiones nos quedaríamos vacíos, sin vida sin rumbo o camino, es aquí donde vuelve entrar el equilibrio.

CAPÍTULO XI

LA VERDAD MÁS ANHELADA

EL ENCUENTRO DE MI VERDAD

Un día Mariela y Erláin me citaron urgentemente, Mariela dijo que ya no debíamos estar jugando me dijo: _agárrate bien los pantalones de Sayayin que tienes y pon mucha atención_, me faltaba demasiada energía, no sabía a donde iba, de tanto que intente hasta el cansancio ya no tenía fuerzas para poderme defender y no podía ser un cazador y en verdad eso me preocupaba porque mi mente es la que me indica que hacer cuando algo está mal o cuando algo está bien, sabía que el cuerpo mental era que tiene que ir por delante para poder coordinarlo todo bien, pero no podía, mi cuerpo mental estaba demasiado cansado, no podía tomar decisiones importantes, era desesperante.

Cuando Mariela me dijo eso, yo decía _!hay no justo ahora¡ no puedo no tengo energía para pensar_ pero ellos no se detuvieron, entonces llego el momento en el que en verdad me enoje y les dije: _no me gusta cómo me estoy sintiendo, parece que soy un muñeco de trapo con el que están jugando, ya no sé qué más hacer, ya no quiero_ les había dicho _!ya me canse¡_ y de nuevo otra vez la imagen de Goku se me venía a la mente, justo cuando le ponen una paliza pero él no se rinde, y esa voz insistente en mi interior de nuevo me decía _no puedes rendirte ahora menos que nunca, estas a solo un pasito de saber lo que quieres_.

Y entonces fui con Mariela y Erláin arrastrándome, no tenía ni un solo apego, cuando llego el momento en el que me tenían que decir el motivo de su visita.

Fue entonces que por primera vez en mi vida había recibido un poco de lo que se me fue arrancado de mis manos, y lo que dice Mariela de que si no sabemos quiénes somos es como si no supiéramos que hacemos y a donde vamos en realidad, y estas palabras me resuenan demasiado en mi interior porque lo experimente con mi propio pellejo, desde que nací no sabía que pasaba y es exactamente como lo dice Mariela no se sabe dónde está, ni que hace ni a donde va, el sentir esto es un profundo dolor del espíritu donde no entiende todo el dolor y la crueldad de donde se encuentra, no se conoce en realidad el potencial de luz que tiene el Sayayin, es como andar flotando en el limbo sin rumbo o dirección, sin nada.

Fue entonces donde entendí que todos somos una sola mente.

Erláin me dijo: _tu no eres de este planeta_ normalmente hubiera brincado de alegría y de seguro el ego se me hubiera inflado, pero esa fuerza interior no me lo permitió, era una súper comprensión donde lo veía serio y sin juego, ya no podía estar jugando, ahora si había llegado el momento y no había que hacer más bromas estúpidas al respecto, entonces Erláin me dijo: _te he llevado tres veces a tu planeta pero tú no te acuerdas de nada_ y en efecto no me acordaba de nada y entonces Mariela me dijo _¿sabes porque andabas tu busque y busque a Goku?_ me atragante, pero no era de miedo porque ni siquiera podía pensar en tener miedo, sino un cansancio terrible dentro de mi yo solo le contestaba ya por inercia, le decía: _no, no sé porque_ ni si quiera podía reclamar nada o decirle: _si fue lo primero que te pregunte cuando te conocí_, pero ella continuo, _tú y Erlain tienen que recuperar su verdad, tienen que despertar a quienes son_ yo en eso le dije _pero yo no sé cómo se hace eso_, y ella continuo ya estaba entrando en estado Ozháru y en eso Mariela me dijo otra vez lo mismo _¿sabes para que andabas buscando a Goku?_ respondí _para que_ luego Mariela se puso más seria y firme y me dijo _a ti te implantaron un programa en tu mente para que cuando vinieras aquí creyeras en los seres extra dimensionales o seres diferentes, cuando tu viniste aquí al primero que viste fue a Goku y entonces de ahí te agarraste_ yo quería llorar pero no tenía fuerzas para hacerlo, y entonces me dijo _tenías que tener ese programa porque era necesario atraernos hacia ti_ yo me quede en silencio y me decía lo que siempre me preguntaba, y reclamaba, pero ¿Porque rayos tuve que ver a Goku? entonces me calme y llegue a un estado de aceptación, y volvía a gritar ¿Por qué? y otra vez mi paranoia extrema me decía que aquí había gato encerrado. ¿Qué está pasando aquí? Decía: ¿enserio sobrepaso los superpoderes de Goku? Decía: _Goku no puede mover planetas como Erláin o Mariela_, ¡Dios santo es totalmente fantástico lo que yo soy! Yo que pensaba que era la humana más débil del mundo y que en realidad lo era.

Fue entonces cuando pude entender que pude soportar tanta cosa porque mi espíritu en realidad es de un supersayayin poderoso, de todas maneras no podía ya huir de mi destino y entonces Mariela me dijo _todos los que están en este planeta deben encontrarse, deben encontrar su verdad y aceptarla, entonces podrán avanzar_ y siguió _todos tienen que pasar por pruebas a veces son muy duras pero estas son parte de la evolución, no tengas miedo ama y entregarte al universo_ yo de todas maneras me daría cuenta por mí misma de la verdad que tanto me atormento, ya no era capricho ni obsesión ni cualquier otra niñería, ya lo tomaba serio y de una forma madura, pues ya no tenía el apego por Goku aunque yo sabía que esas era una de las cosas que hubiese observado primero, de todas maneras ya no podía hacer nada, , aparte ¿Cómo? si de todas maneras ya sabía a qué había venido a la tierra,

TODO LO QUE DESEES LLEGARA A SU DEBIDO TIEMPO

Había llegado el momento, en el que tenía que comprenderlo todo de una vez por todas, de saber quién soy en realidad, de encontrar mi verdad y recuperar mi poder que me fue arrancado de mis manos, no es fácil acostumbrarse a la luz incandescente, pero a mí ya no me quedaba opción, me habían conducido hasta aquí.

Entonces Erláin de pronto me dice: _venimos a hacer algo grande no hay salida, ya no podía tener apego por nada y de hecho ya no tenía apego por nada, la apatía inundaba en mi ser, arrastrándome ya por el camino, sin energía, sin ganas de nada, a mi alrededor ya no lo veía todo igual y yo que me encontraba en un gran dilema, ¿Qué voy a hacer? me preguntaba una y otra vez, lo único que me sostenía en pie era mi fuerza interna que me cuido desde siempre, quería gritar de lo más recóndito de mi ser !por favor ayúdenme¡ pero tenía que salir del hoyo yo sola, esta es mi evolución y la recuperación de mi verdad y mi poder me pertenecen a mí, solo yo puedo alcanzarlo, mi yo racional se rehusaba pero de todas maneras mi fuerza interior ya me había indicado que era lo correcto, hubiera sido estúpido detenerme en ese momento, estaba ya a unos cuantos pasos, sabía que tenía que ir con Erláin porque era la manera de que pudiera evolucionar sin más estancamientos, y entonces tuve que intentarlo por fin ya era el momento que por tanto tiempo había esperado, si me preguntan que si valió la pena todo lo que pase, pues la respuesta es sí a secas.

Entonces un día Mariela y Erláin me dijeron, _ya estas lista para saber la verdad, ha llegado el momento de que sepas quien eres y que es lo que tienes que hacer_ y entonces me acorde de una frase que me tope muchas veces en mi camino: "cuando el discípulo está preparado el maestro llega" tuve que pasar por muchas cosas desesperantes de verdad y superarlas para luego llegar hasta aquí.

Todos tenemos que recuperar nuestra propia verdad, tenemos que encontrarnos a nosotros mismos, si se puede y te lo estoy demostrando, hay que sacar la basura emocional que traemos encima, y vuelvo a repetir que el equilibrio es muy importante, no hay imposibles, todo es cuestión de cómo uno lo ve, no odies ni guardes rencor porque eso te pudrirá y no es justo porque tú también eres un guerrero, vamos no te dejes enredar por el mal todos unidos

NADIE PUEDE PRIVARTE DE TU LIBERTAD Y MENOS SI SE HABLA DEL ESPÍRITU.

lo podremos vencer, levanta las manos, unamos nuestras energías, di no al dolor, di no al racismo y a la discriminación, respeta toda forma de vida, date cuenta que el odio no es parte de ti, intenta echarlo fuera, echa fuera todo lo negativo que hay en ti, si se puede.

Por fin te puedo decir que yo vengo de un lugar muy hermoso que está en otra dimensión, en donde no hay dolor, vengo a mostrarte quiénes somos y a decirte que recuperes lo que en realidad eres, te seguiré contando en otra ocasión cosas para que intentes entender más y puedas abrir los ojos a la verdad, pero en esta obra te muestro como yo me encontré, y como Erlain y Mariela se encontraron, está en su libro "la visitante".

Estamos aquí por una razón muy importante, ábrete para que el poder del universo pueda entrar en ti, de nuevo te digo con sinceridad que todo esto no fue para faltarte al respeto incluso te lo puedo comprobar, nunca le creas a nadie que no te compruebe nada sé más inteligente, sé más sabio, hice mucho énfasis en esto, esta es mi historia personal, solo toma tu punto de vista y sigue tu camino.

SOLO BASTA DAR UNA SONRISA PARA DARTE CUENTA QUE ERES MÁS DE LO QUE CREES SER

Soy Aleya y soy un Sayayin criado en la tierra.

Esta historia continuara…

INDICE